"L'ARTE DI COLORARE"

Mazzi di fiori

Ilaria Taglioni

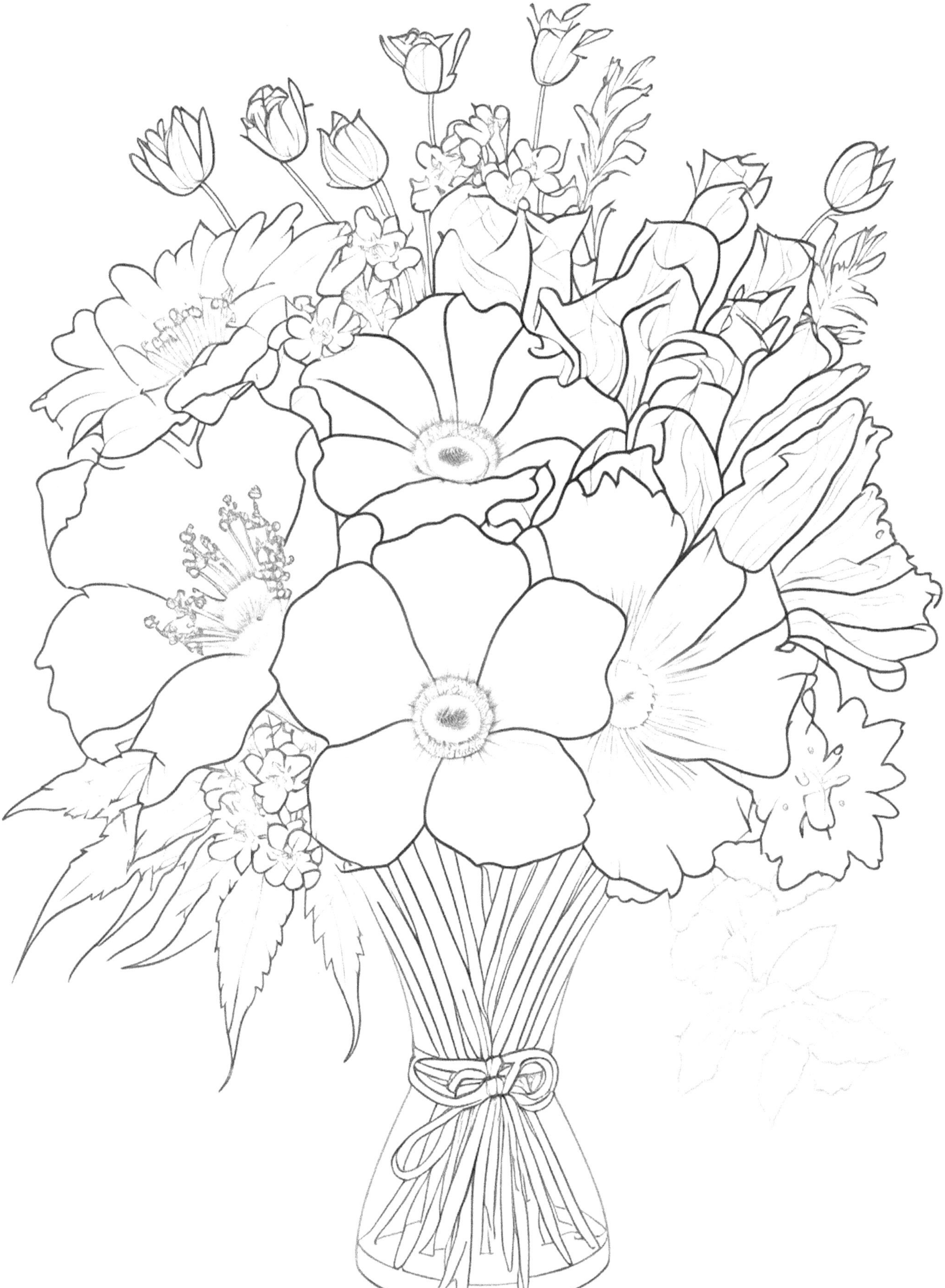

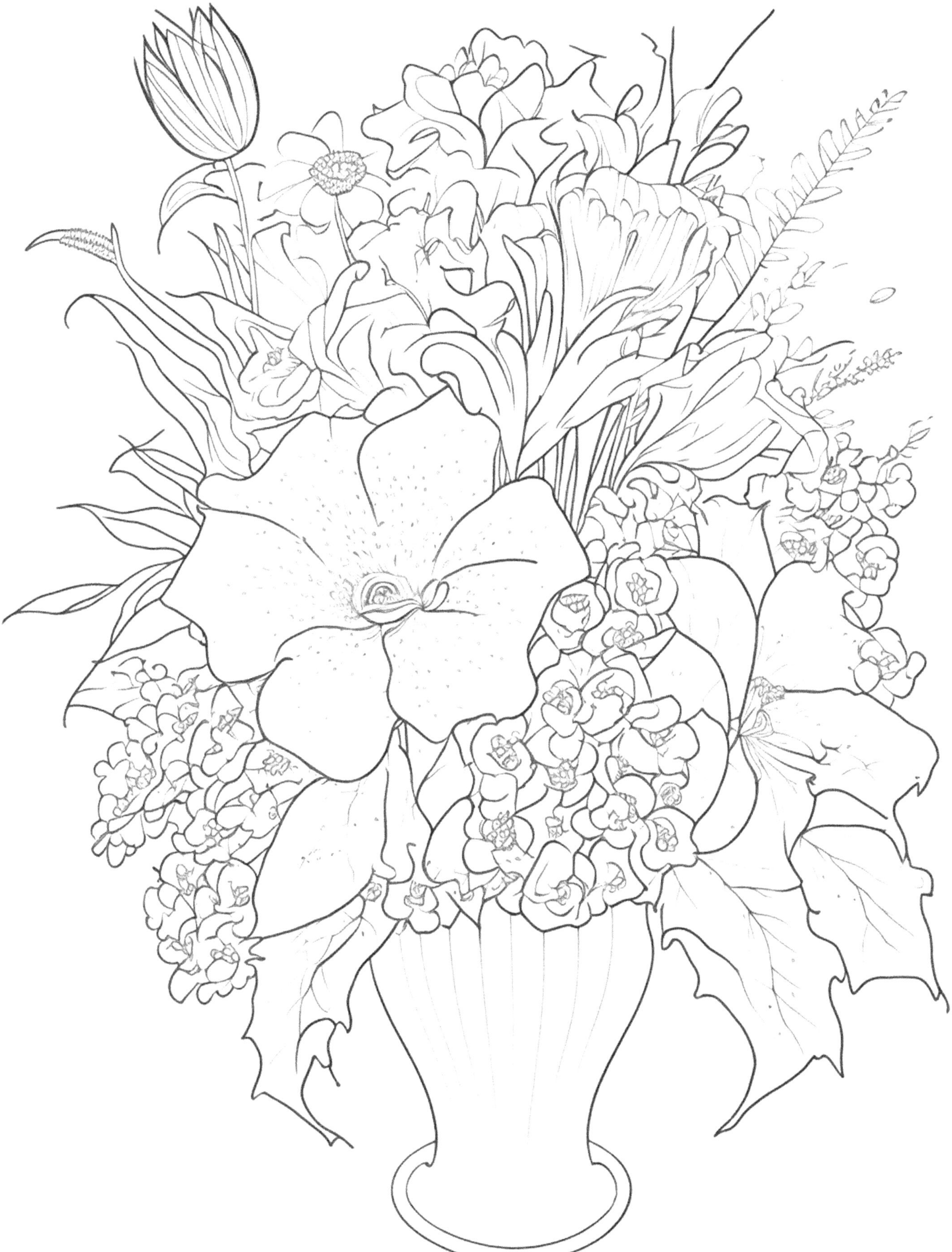

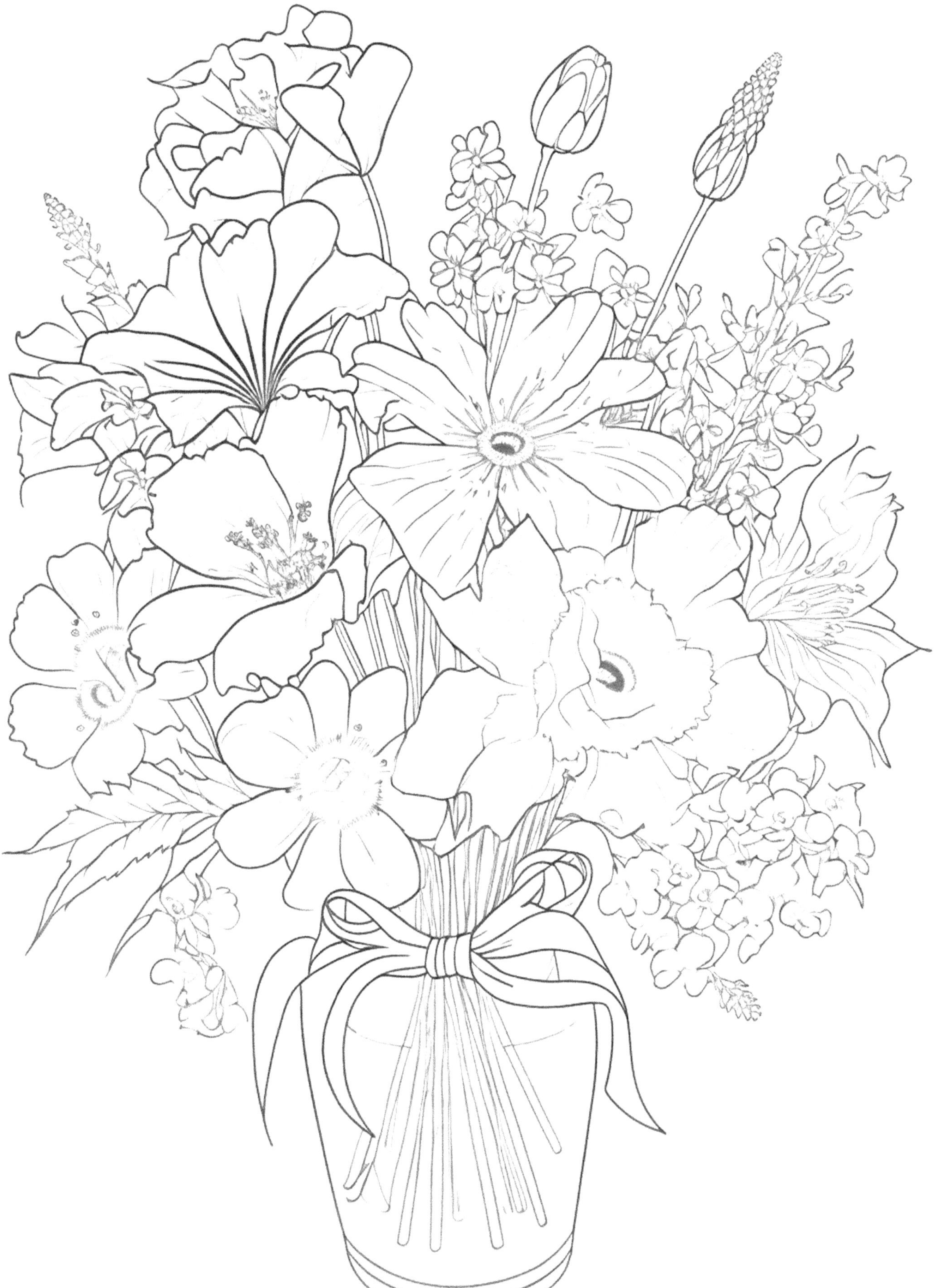

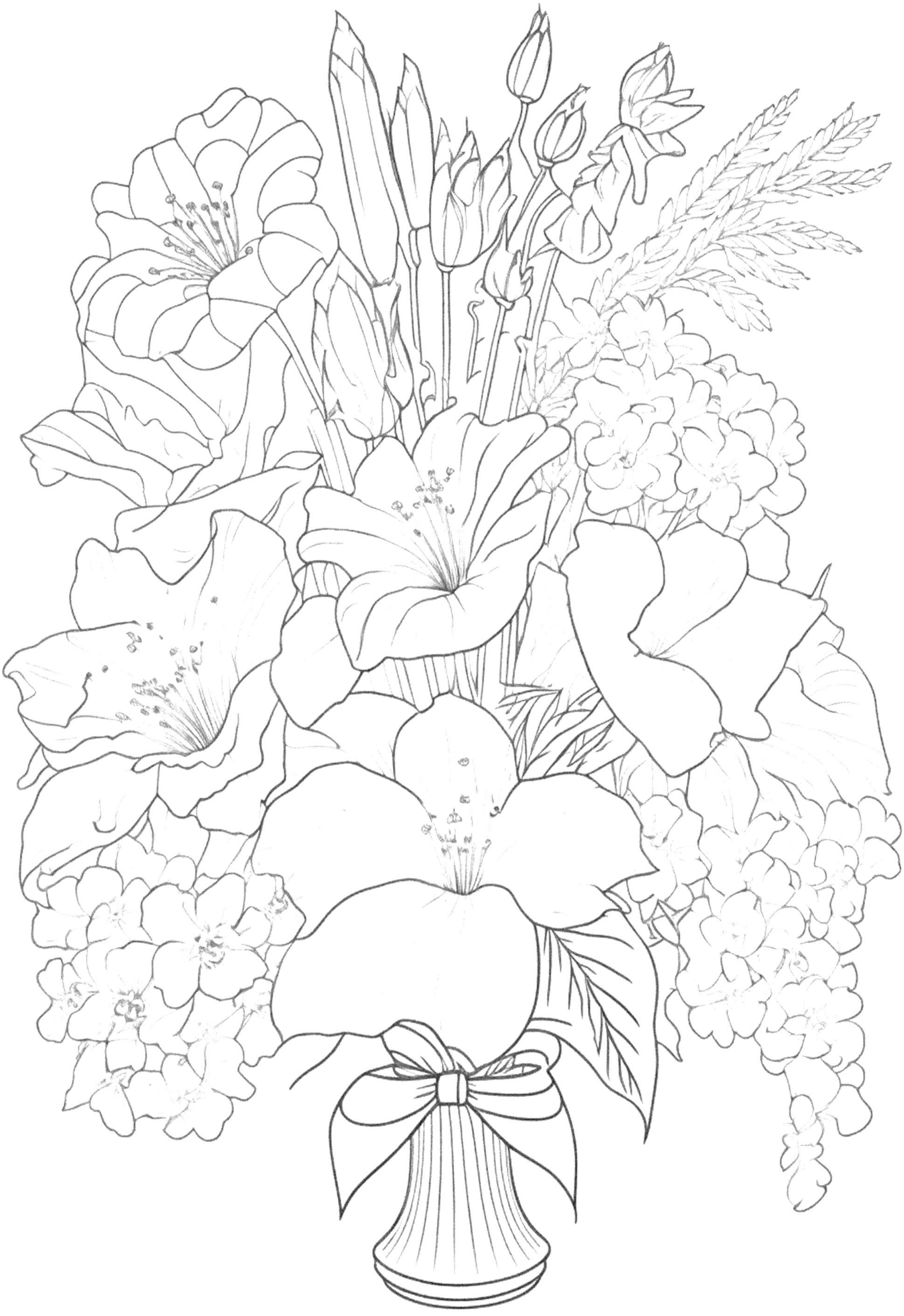

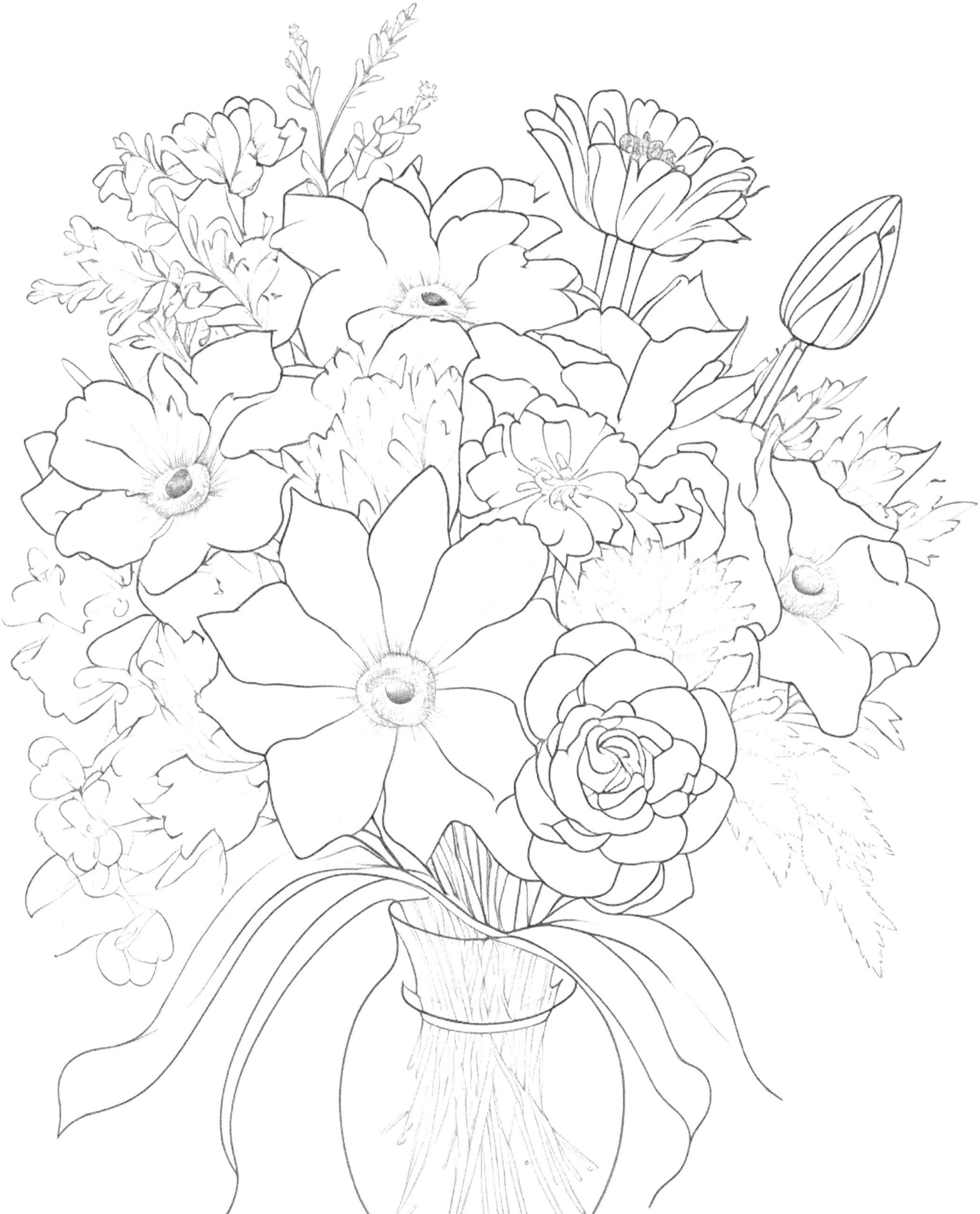

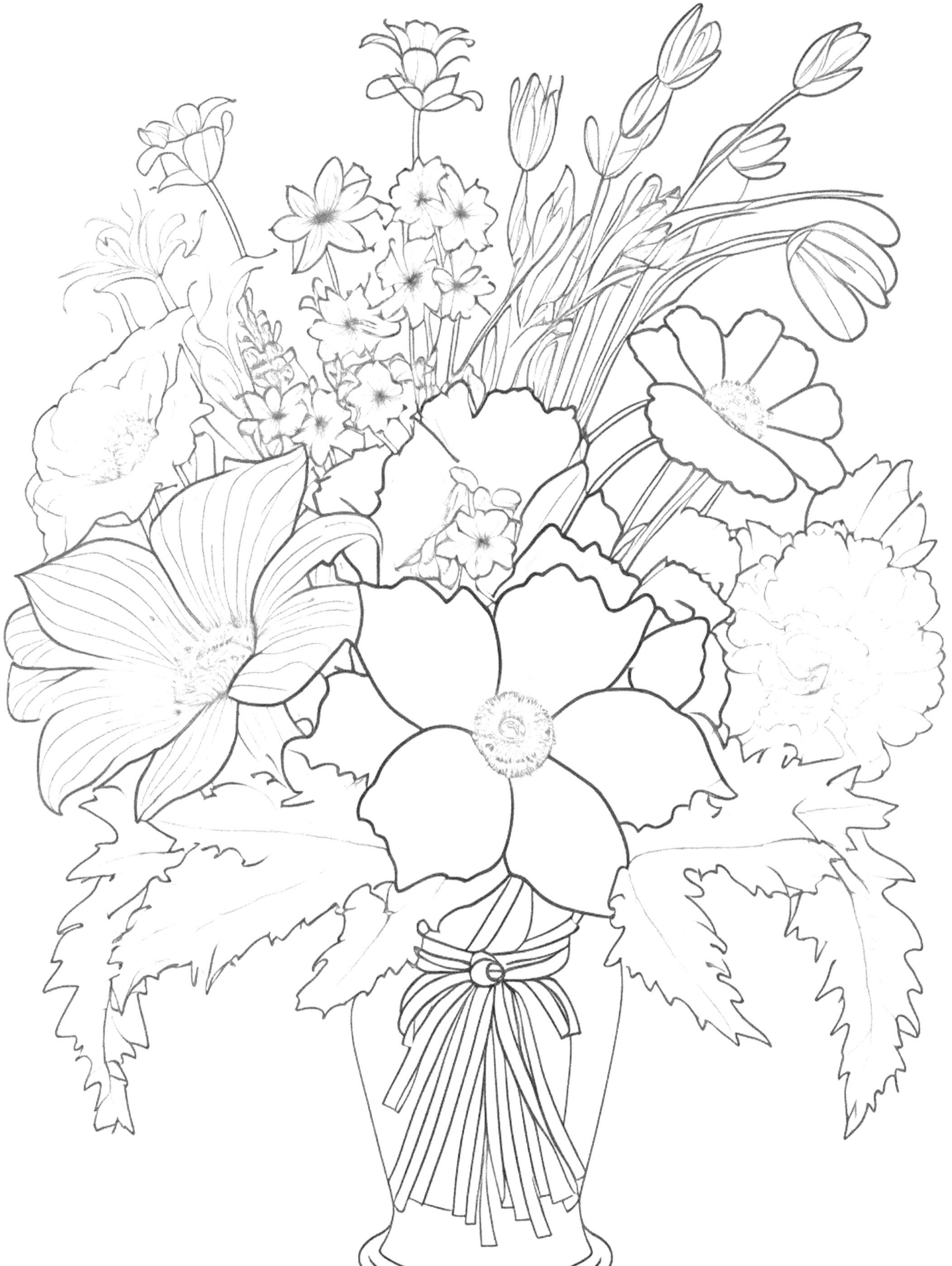

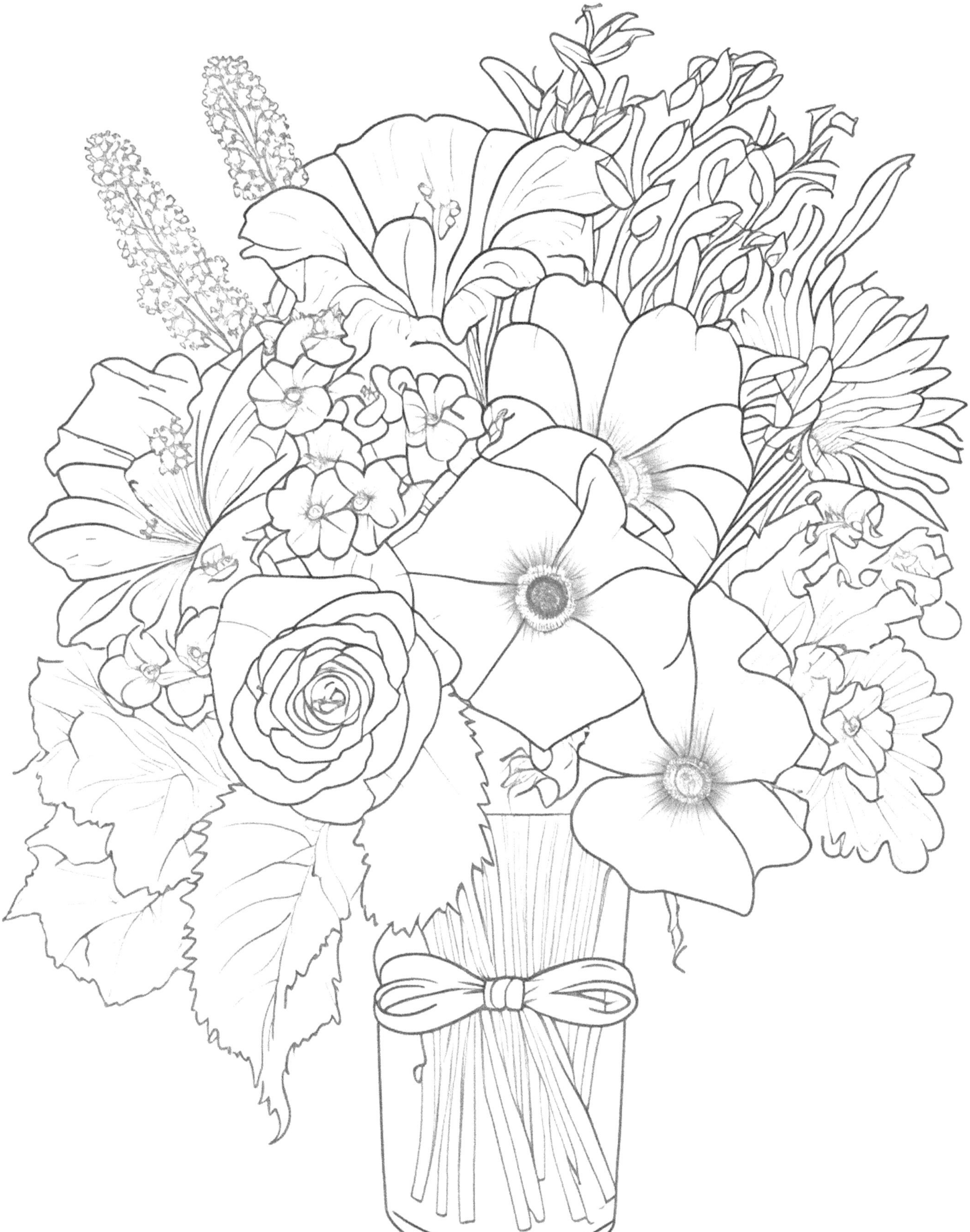

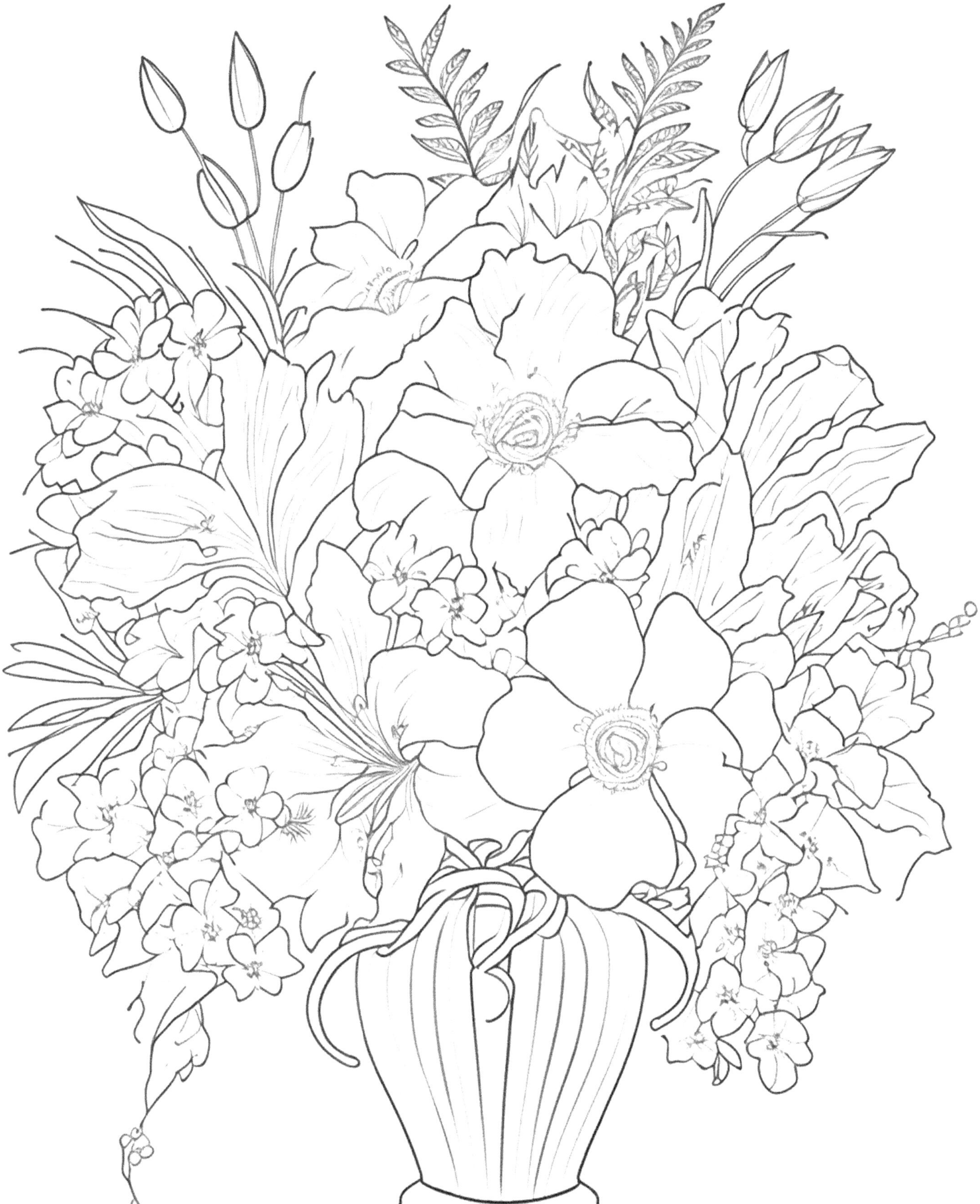

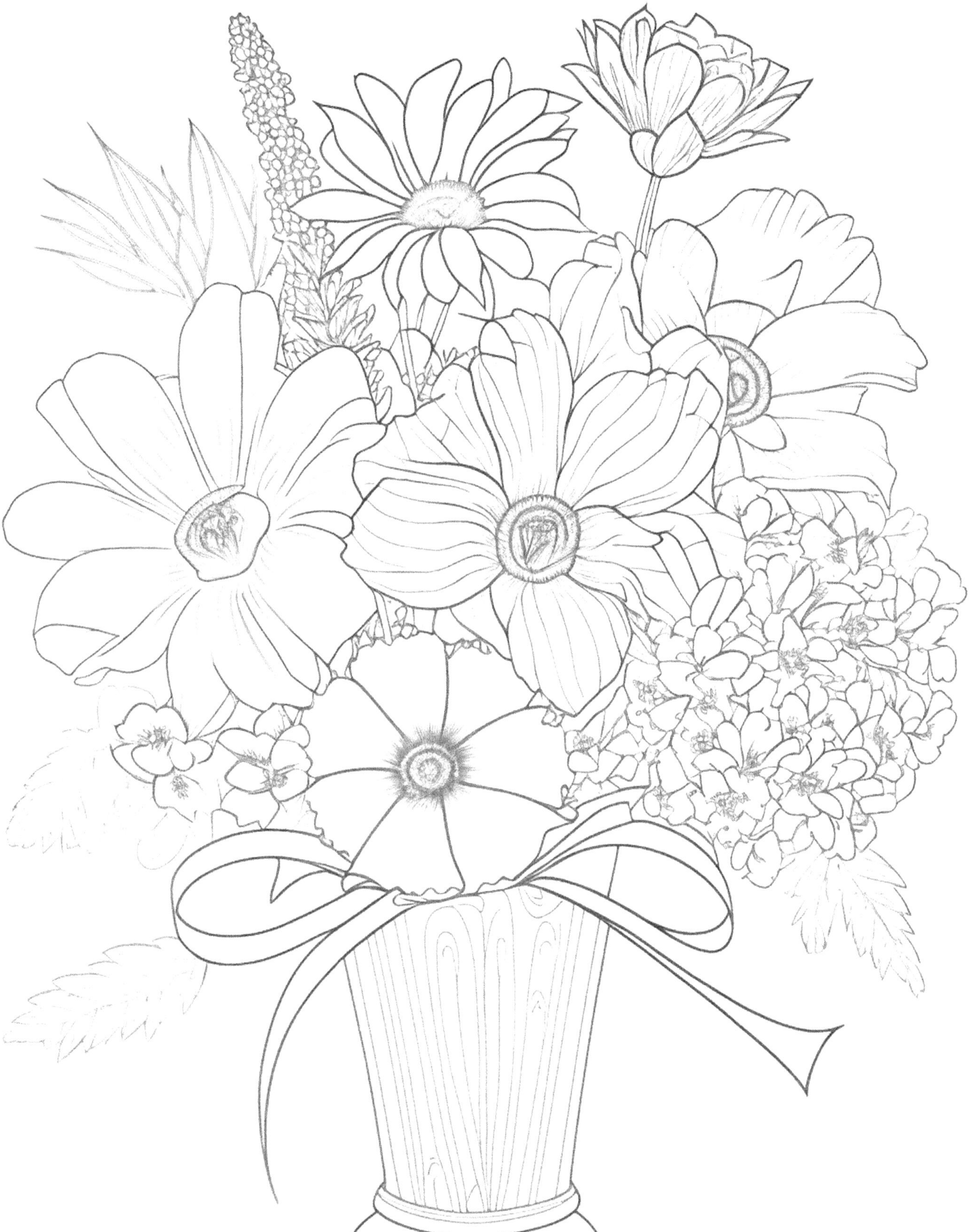

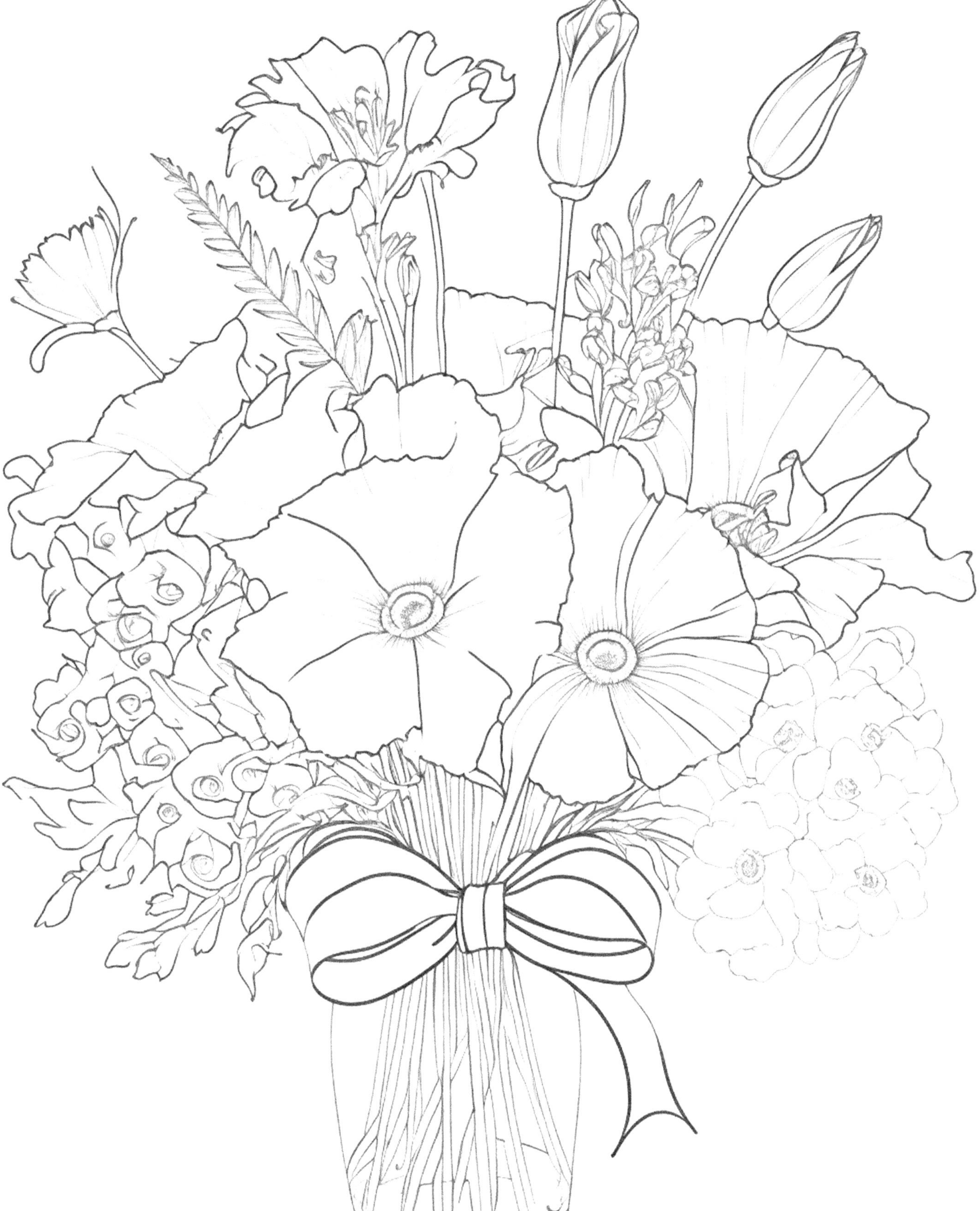

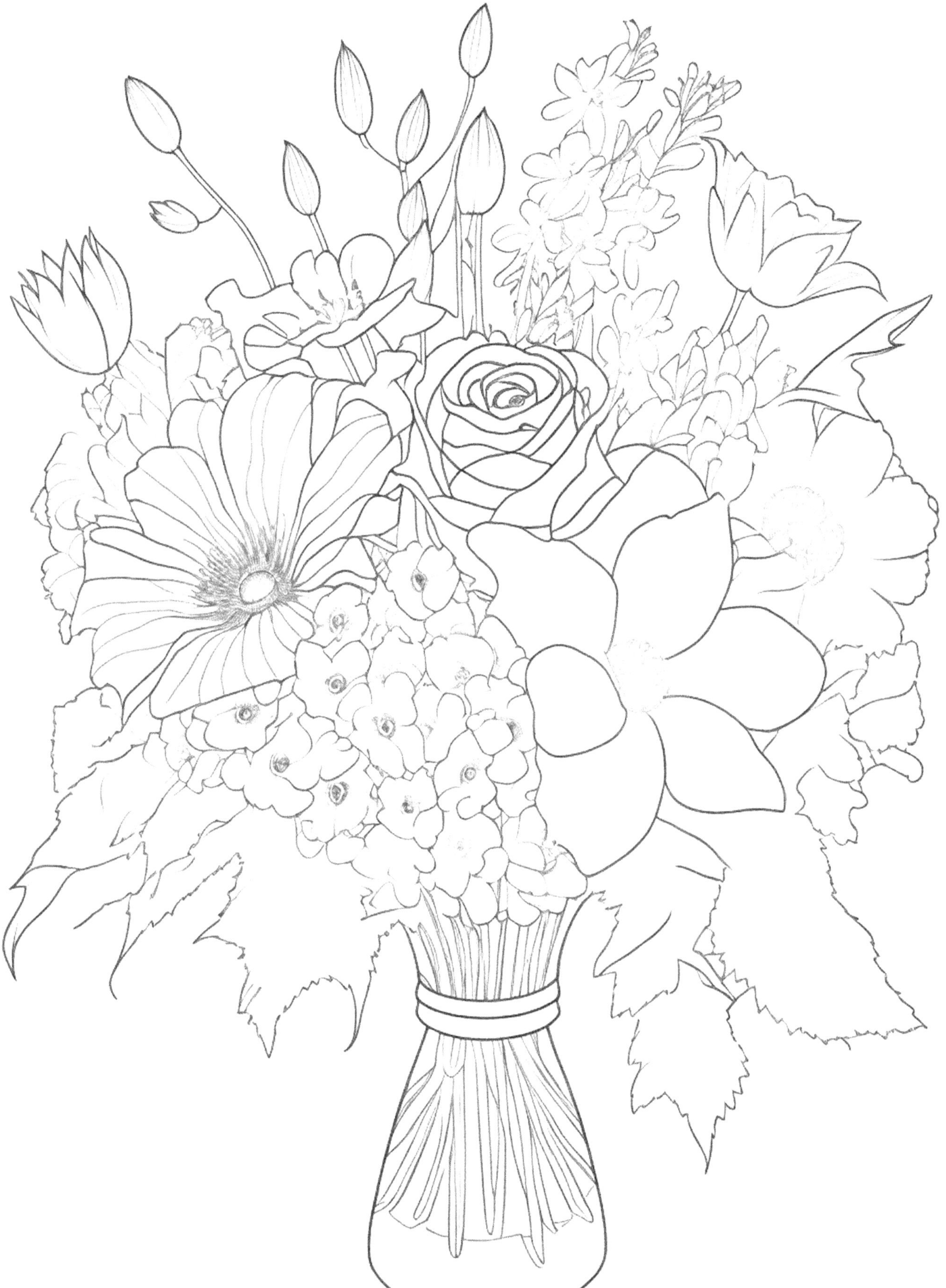

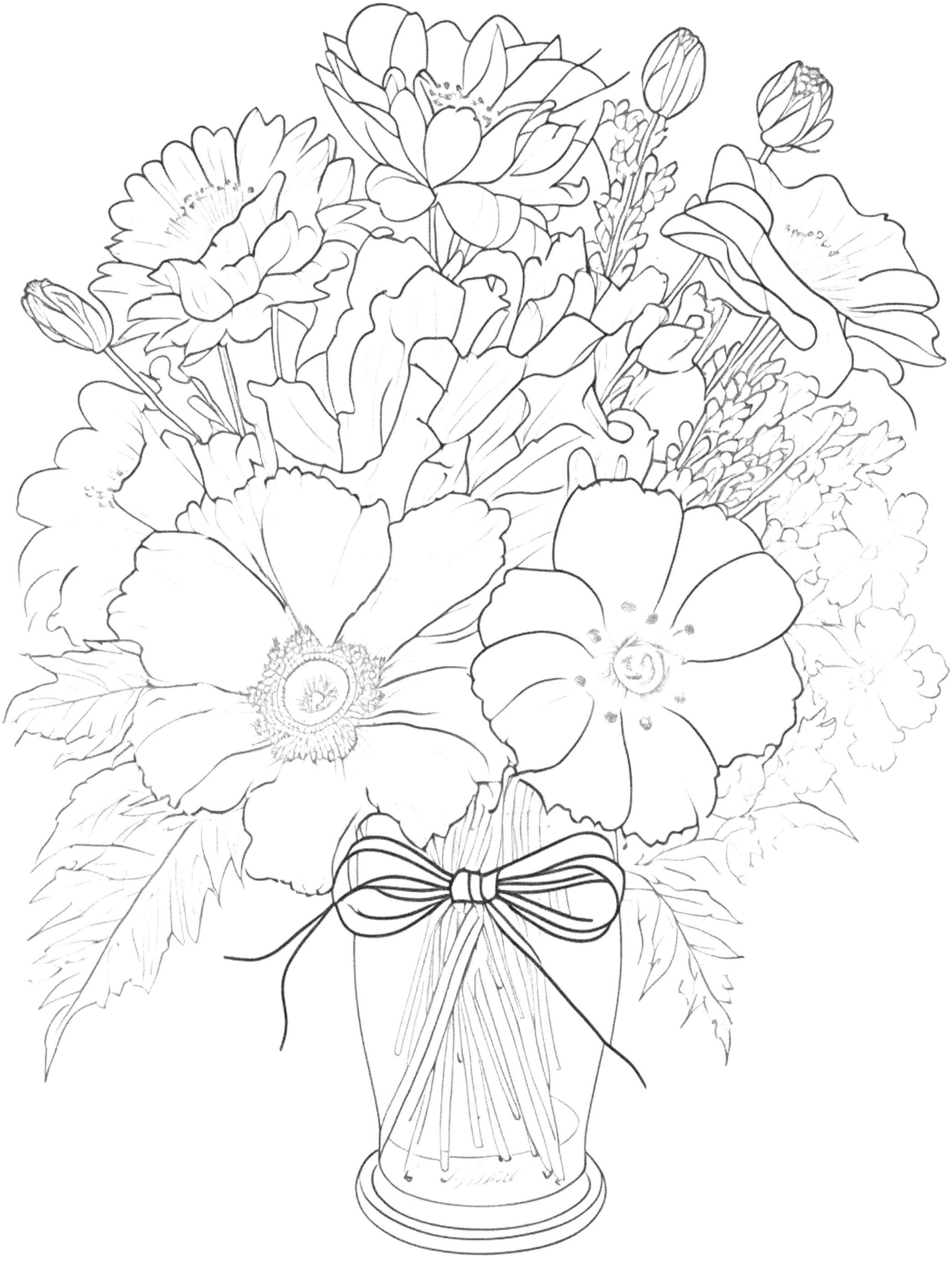

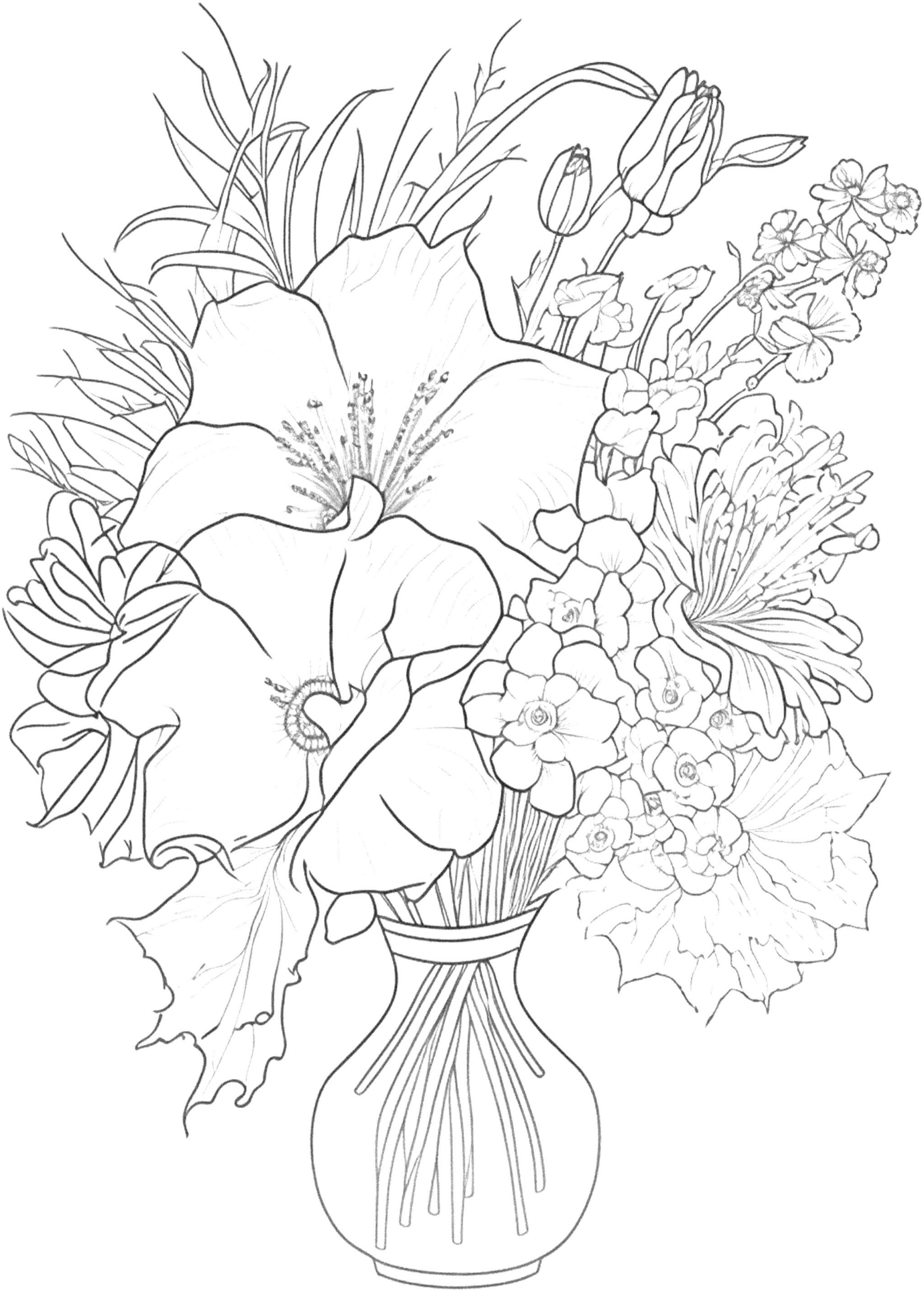

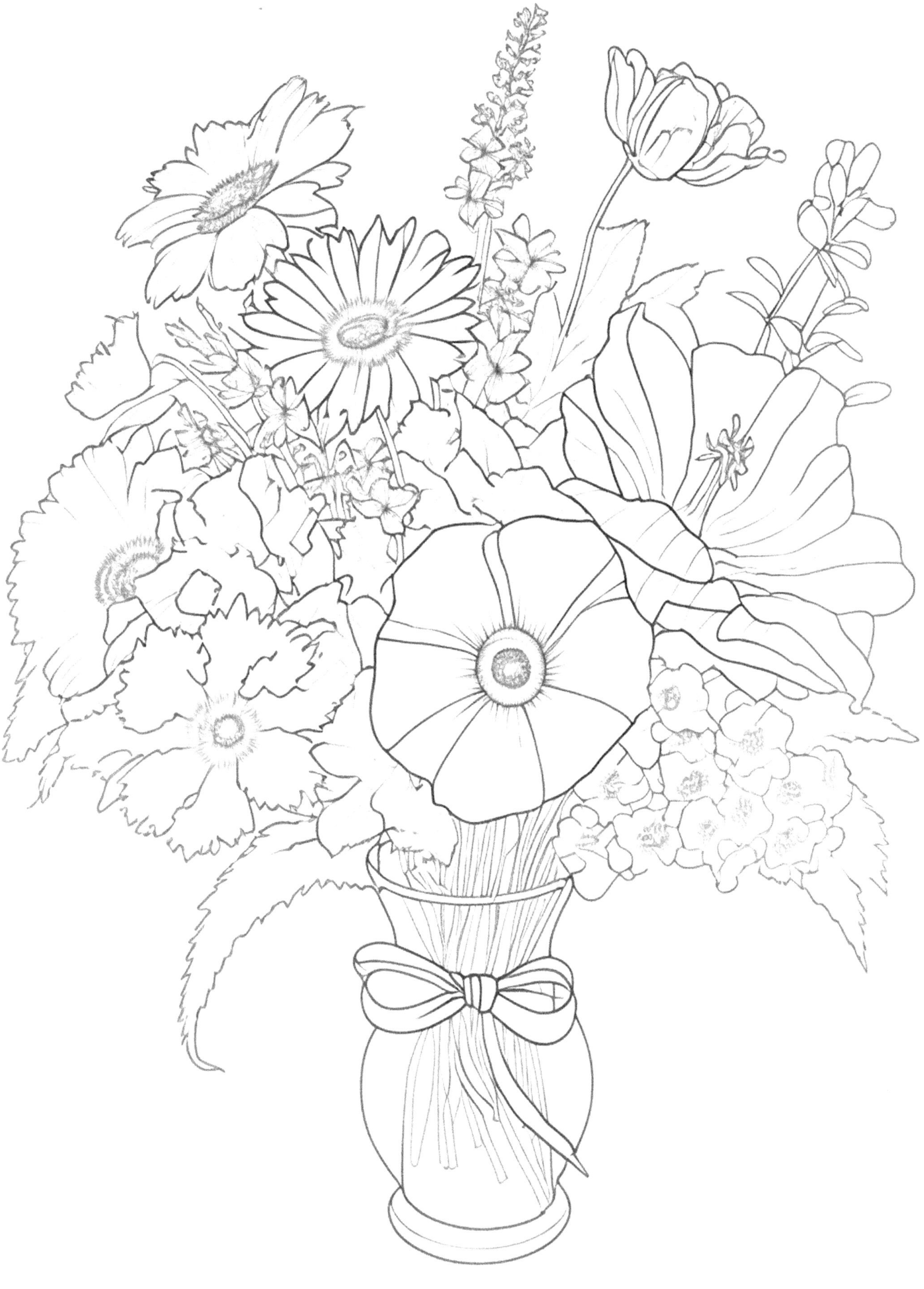

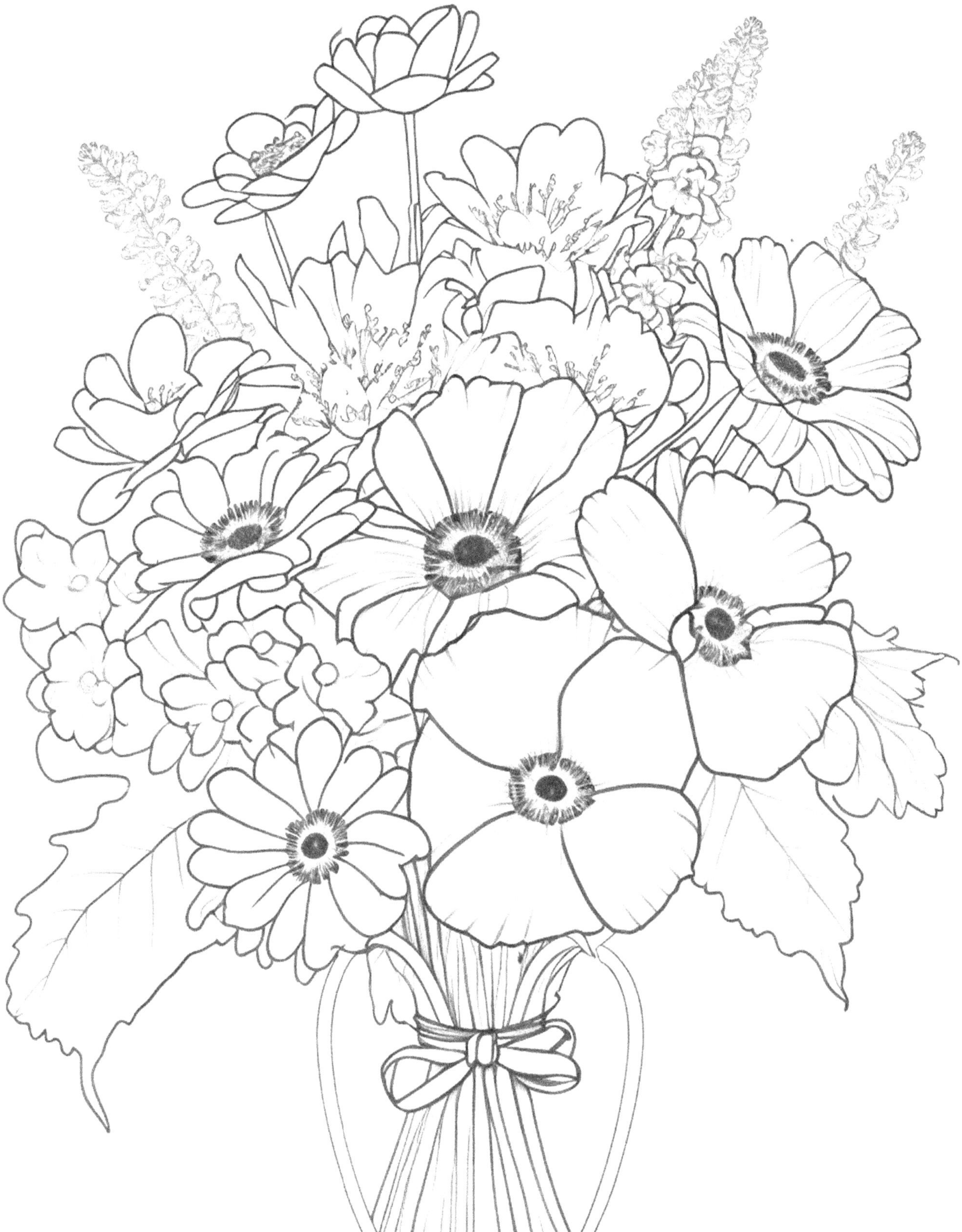

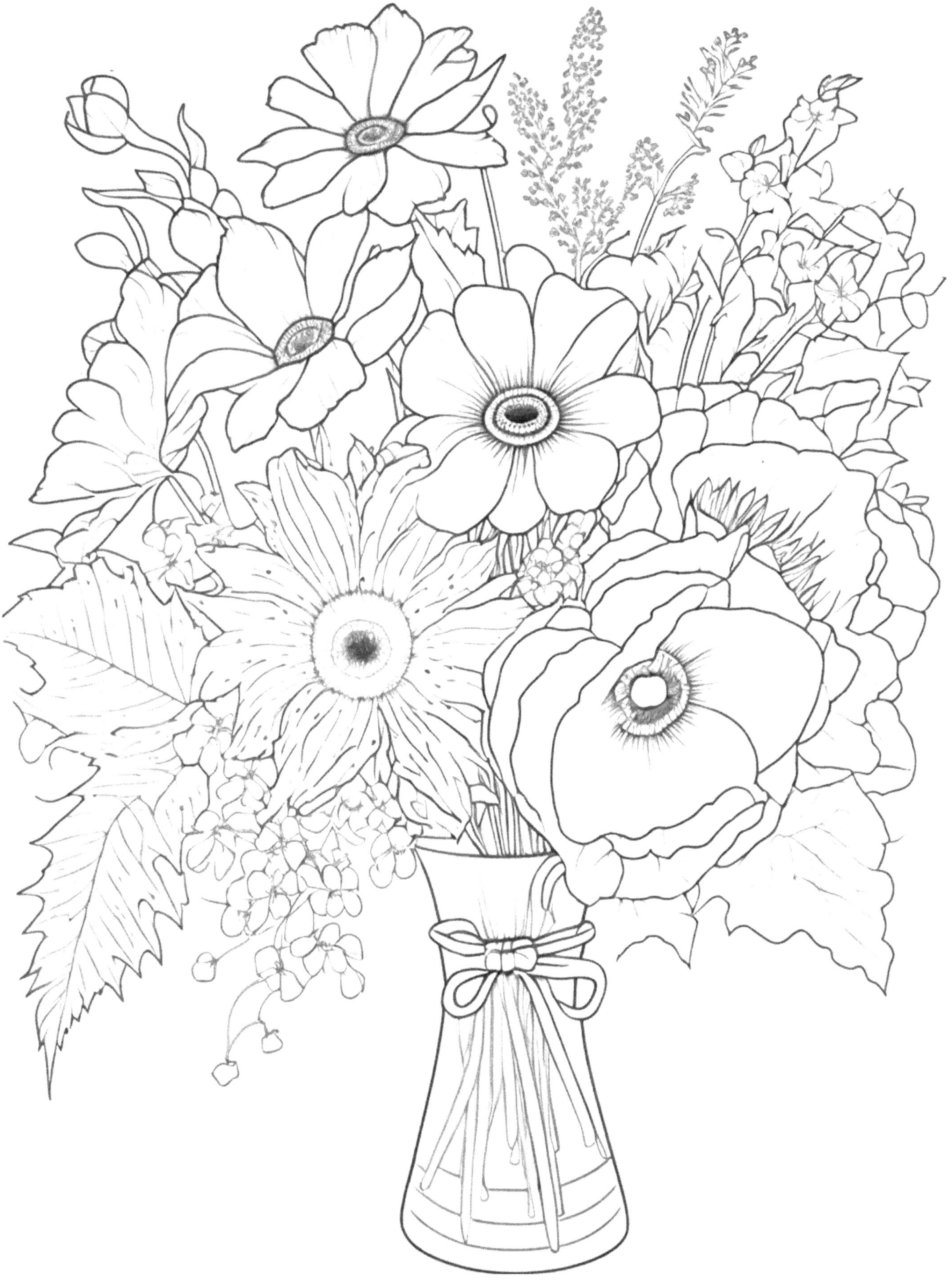

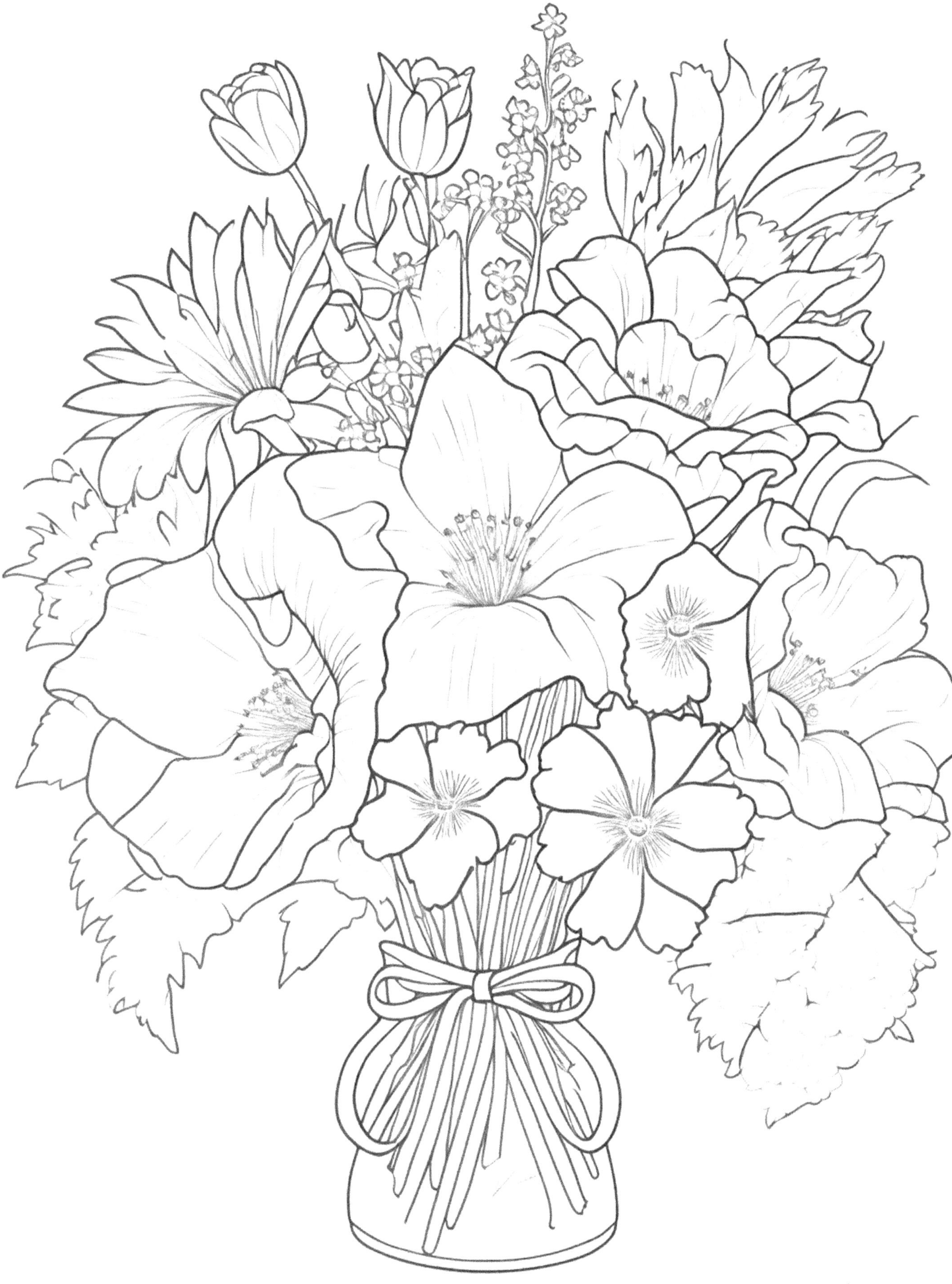

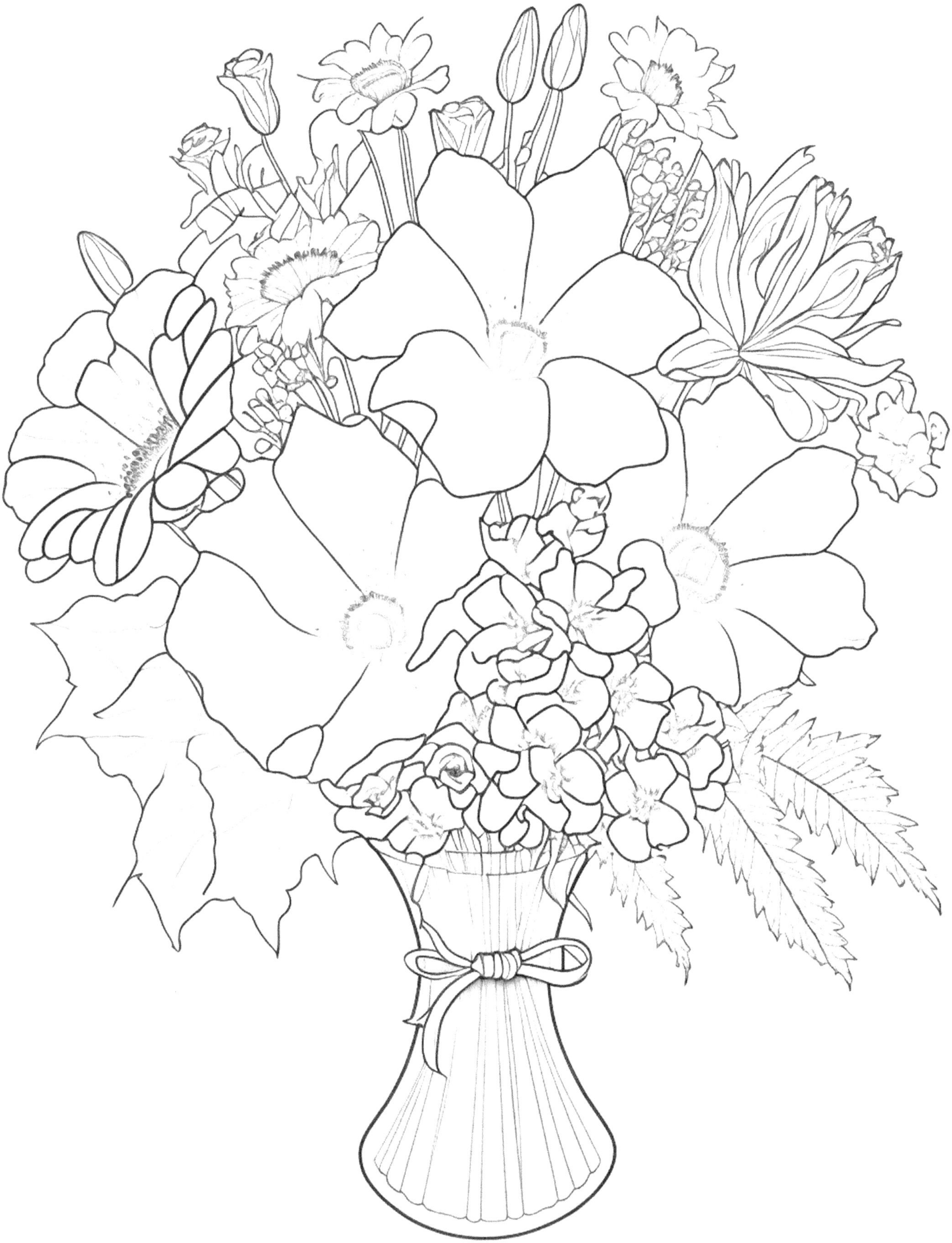

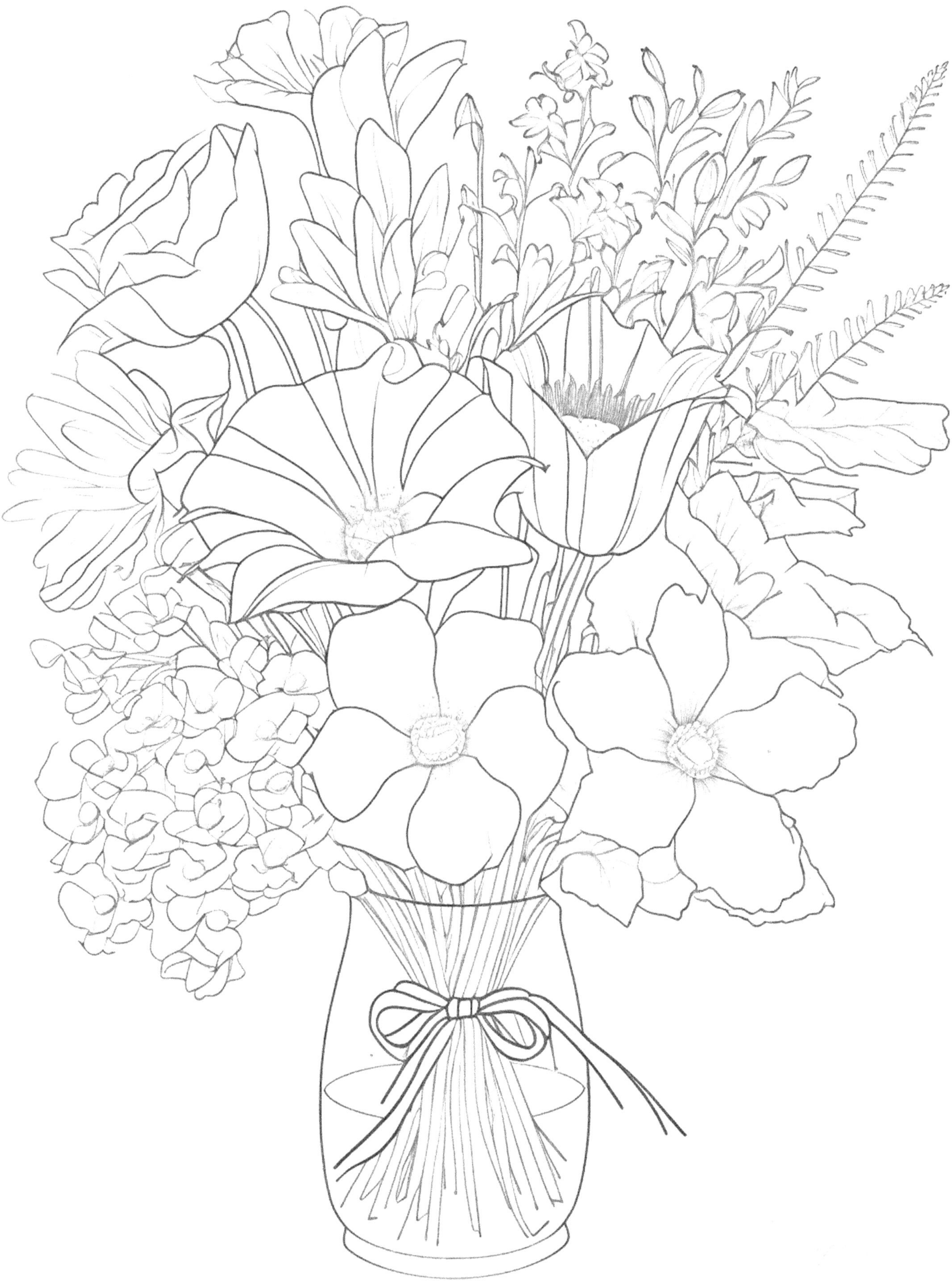

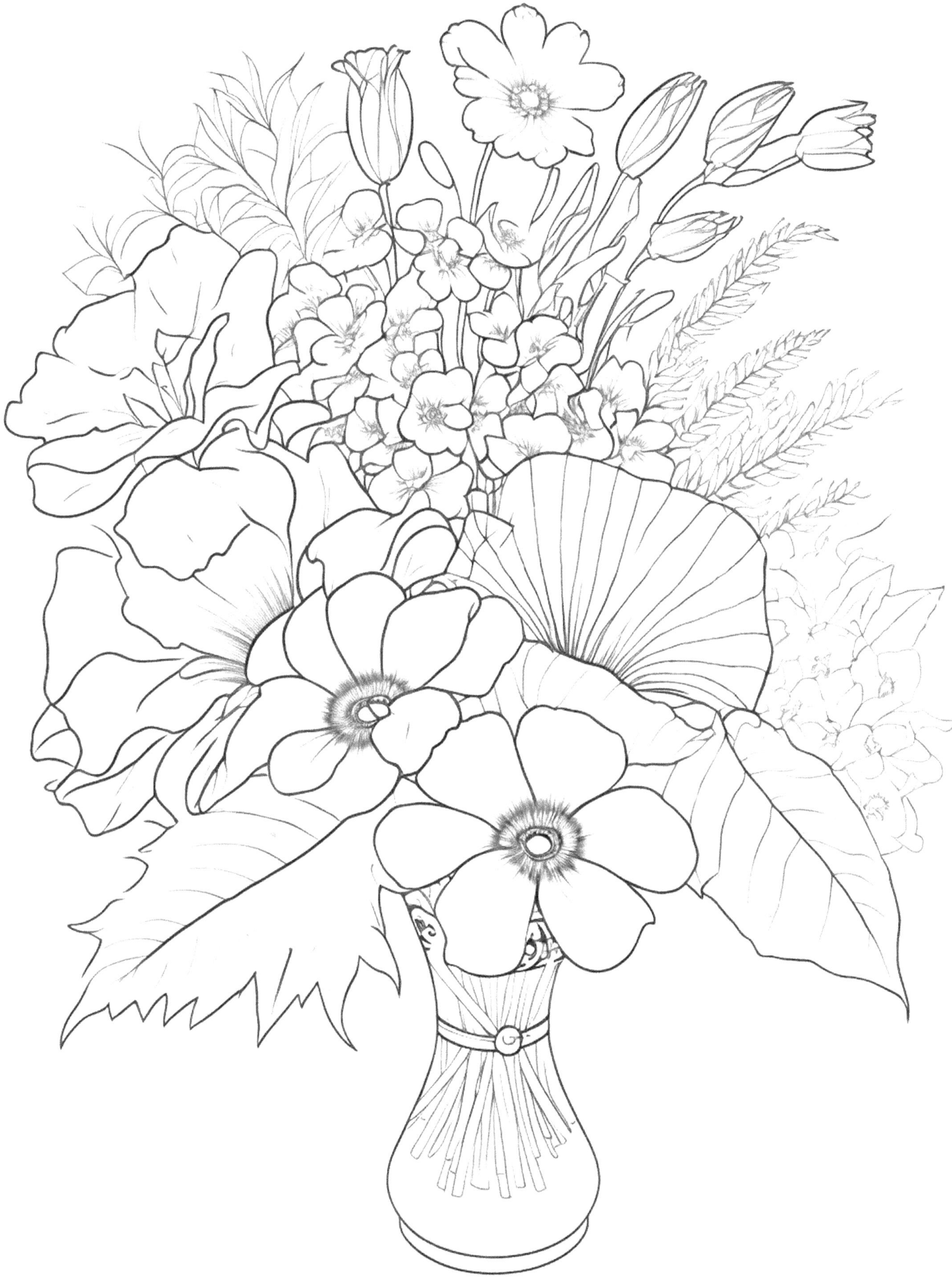

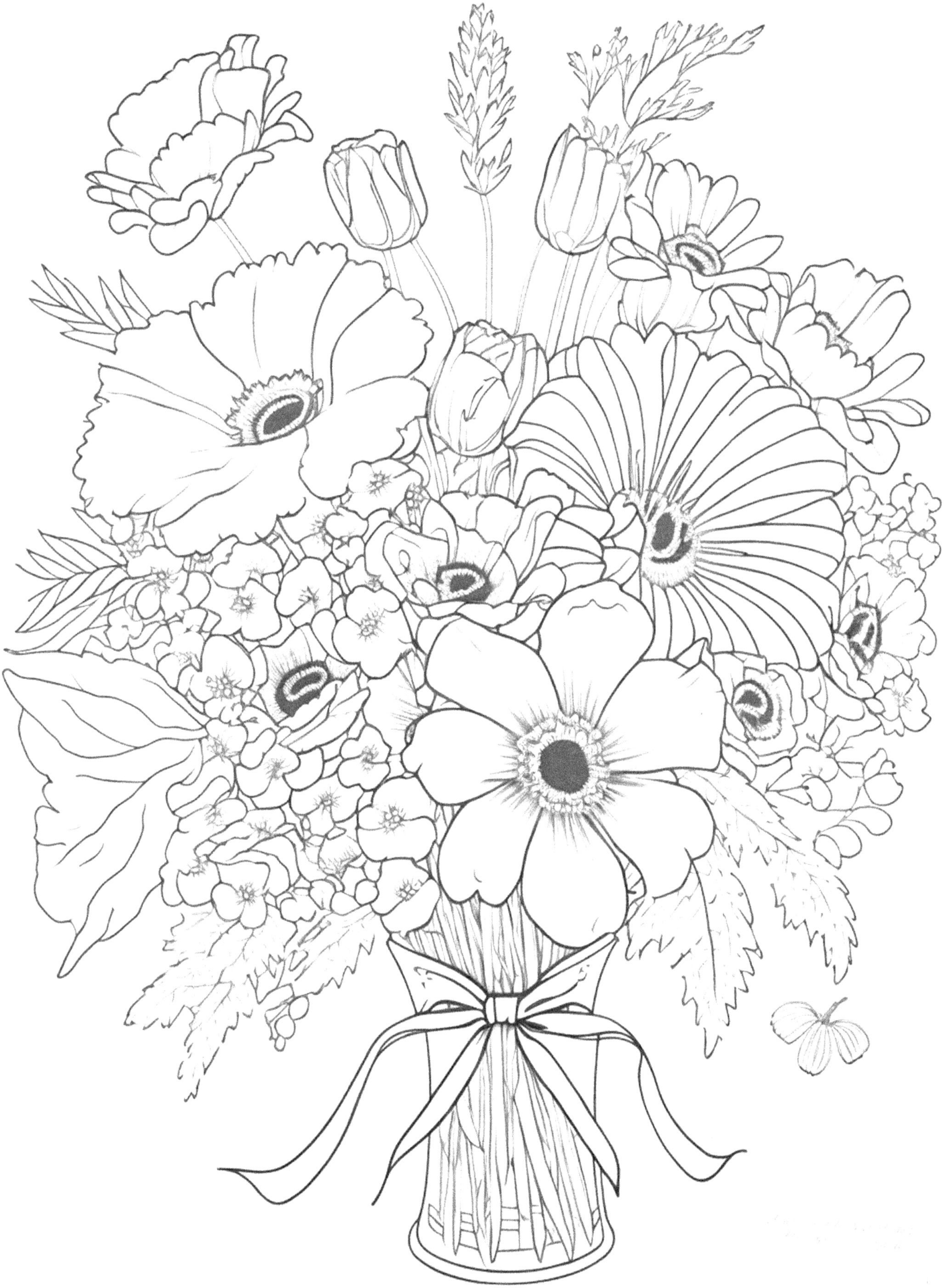

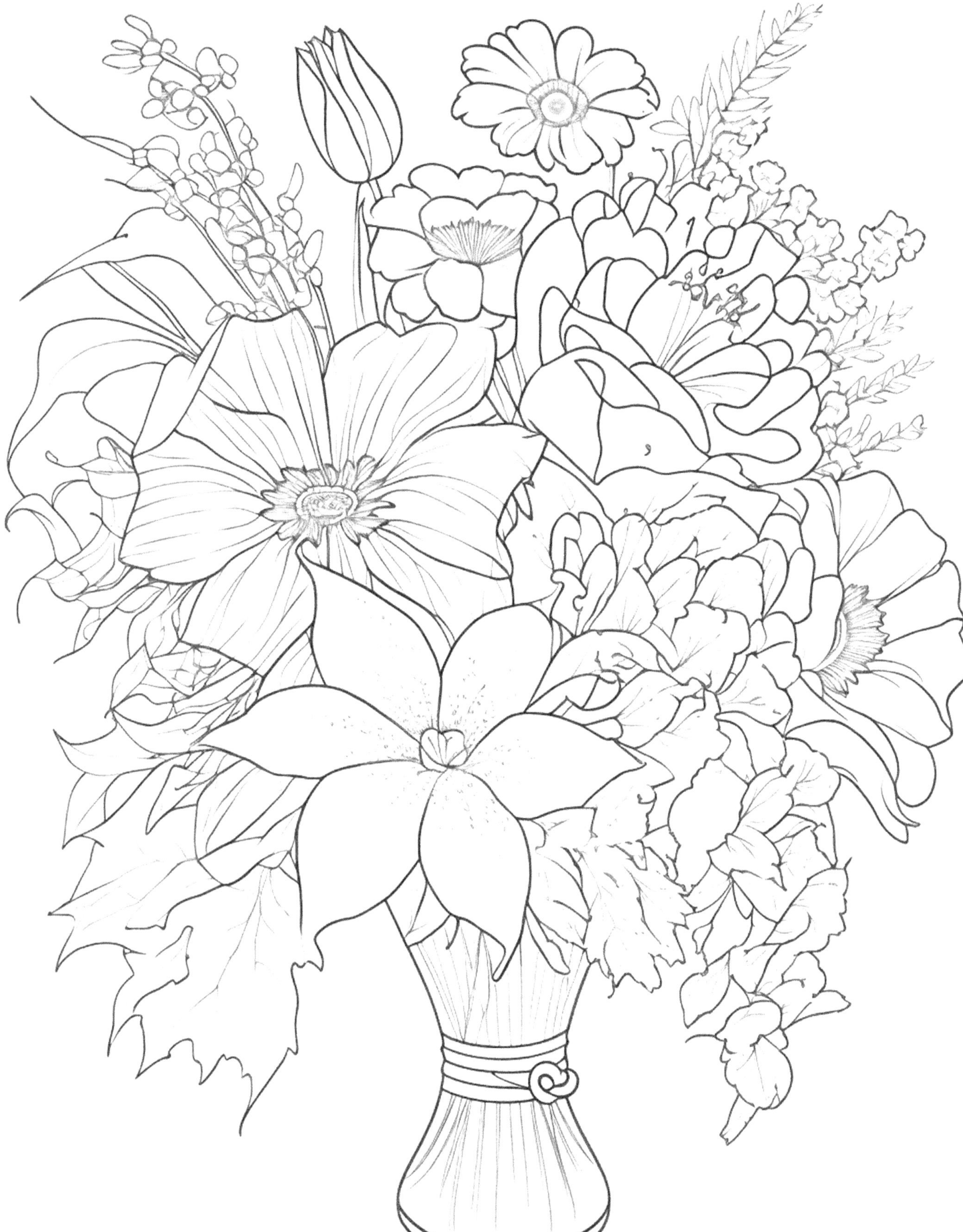

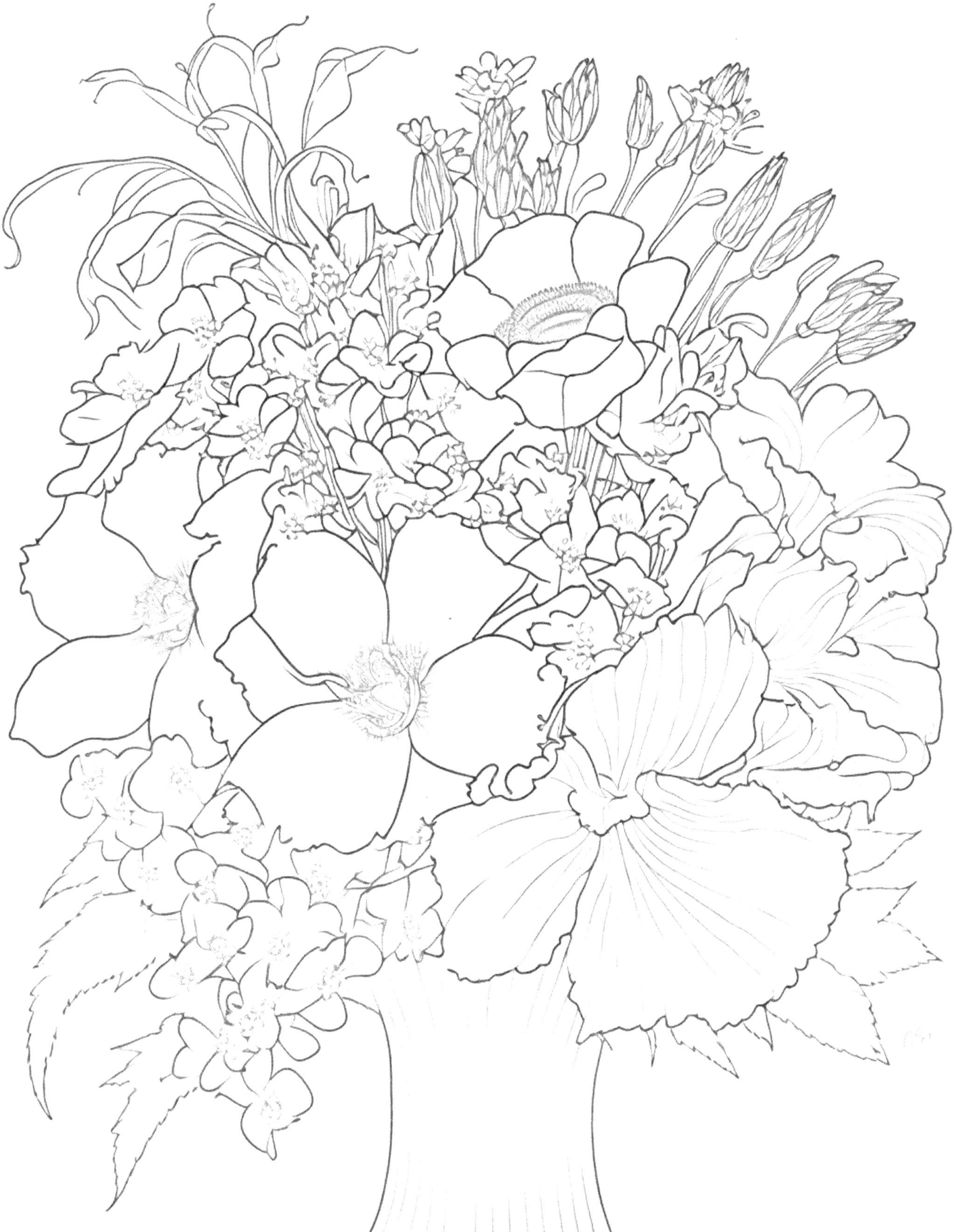

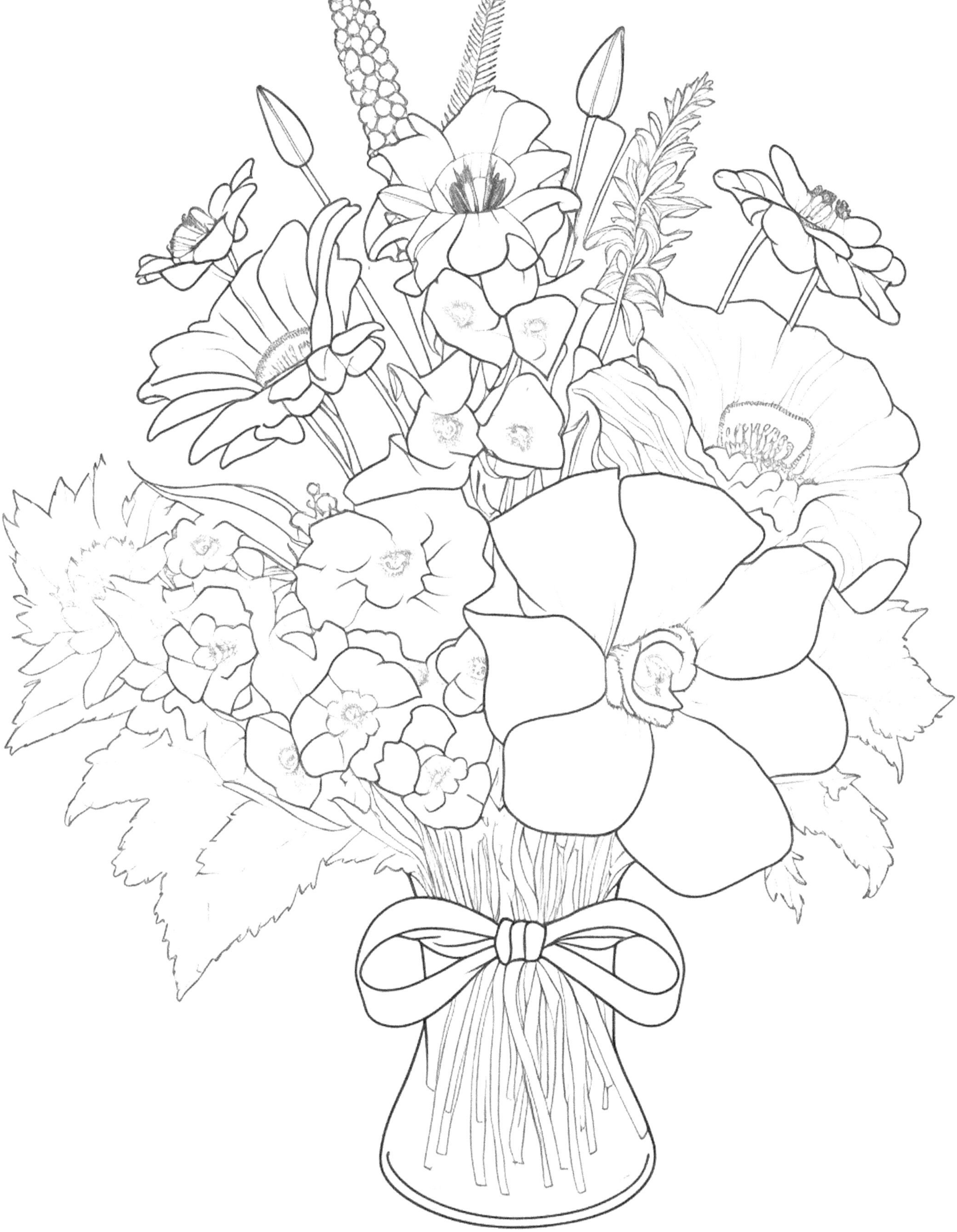

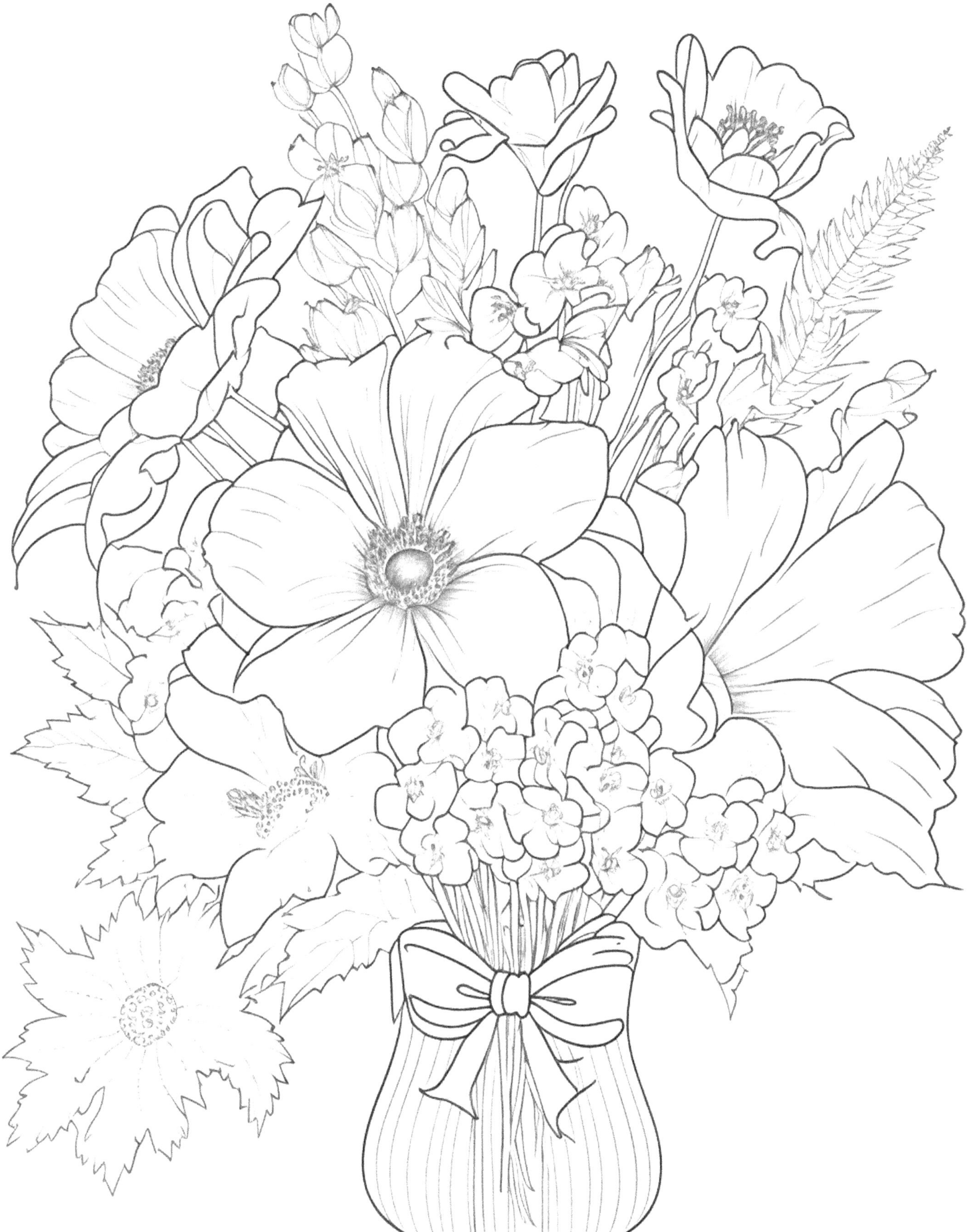

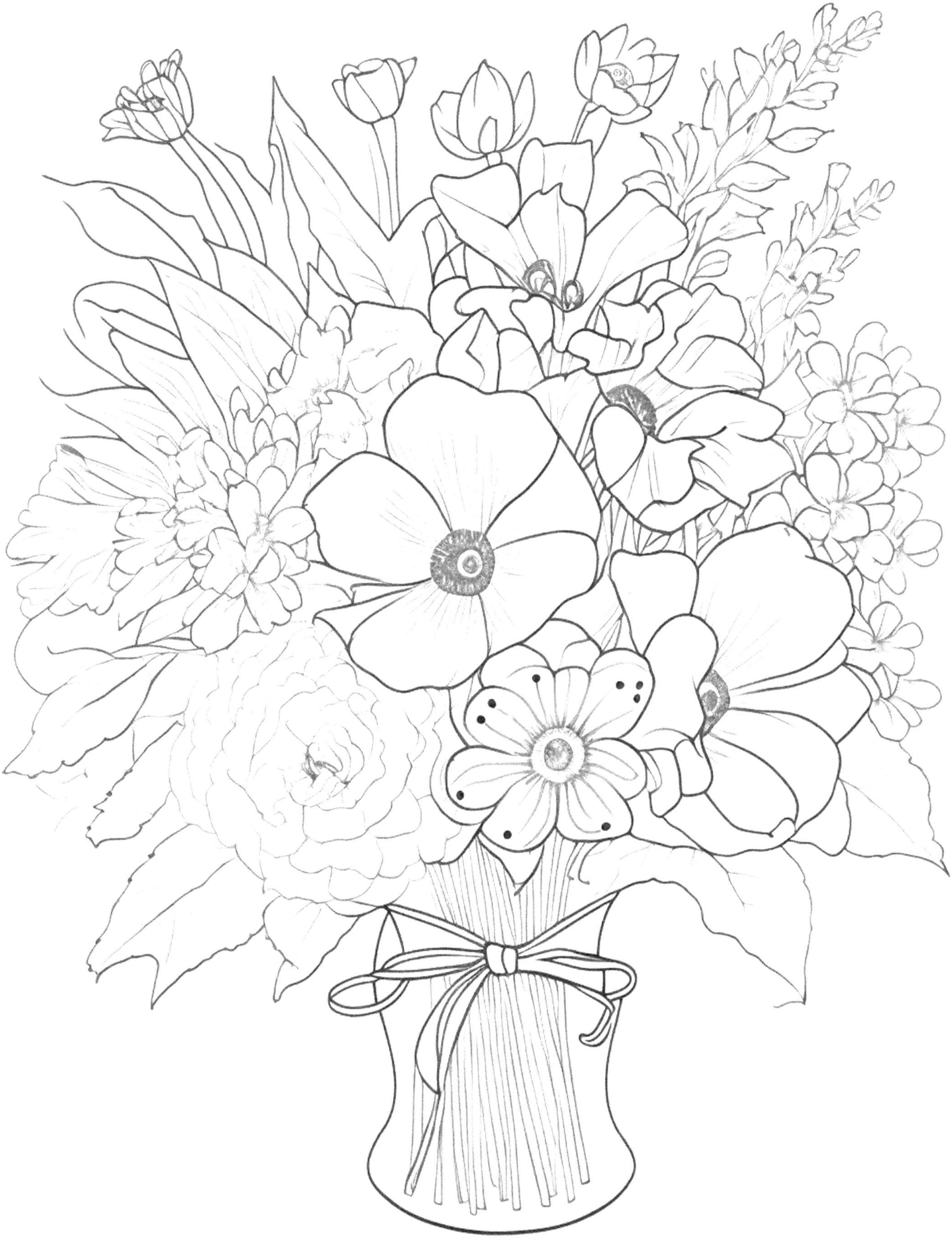

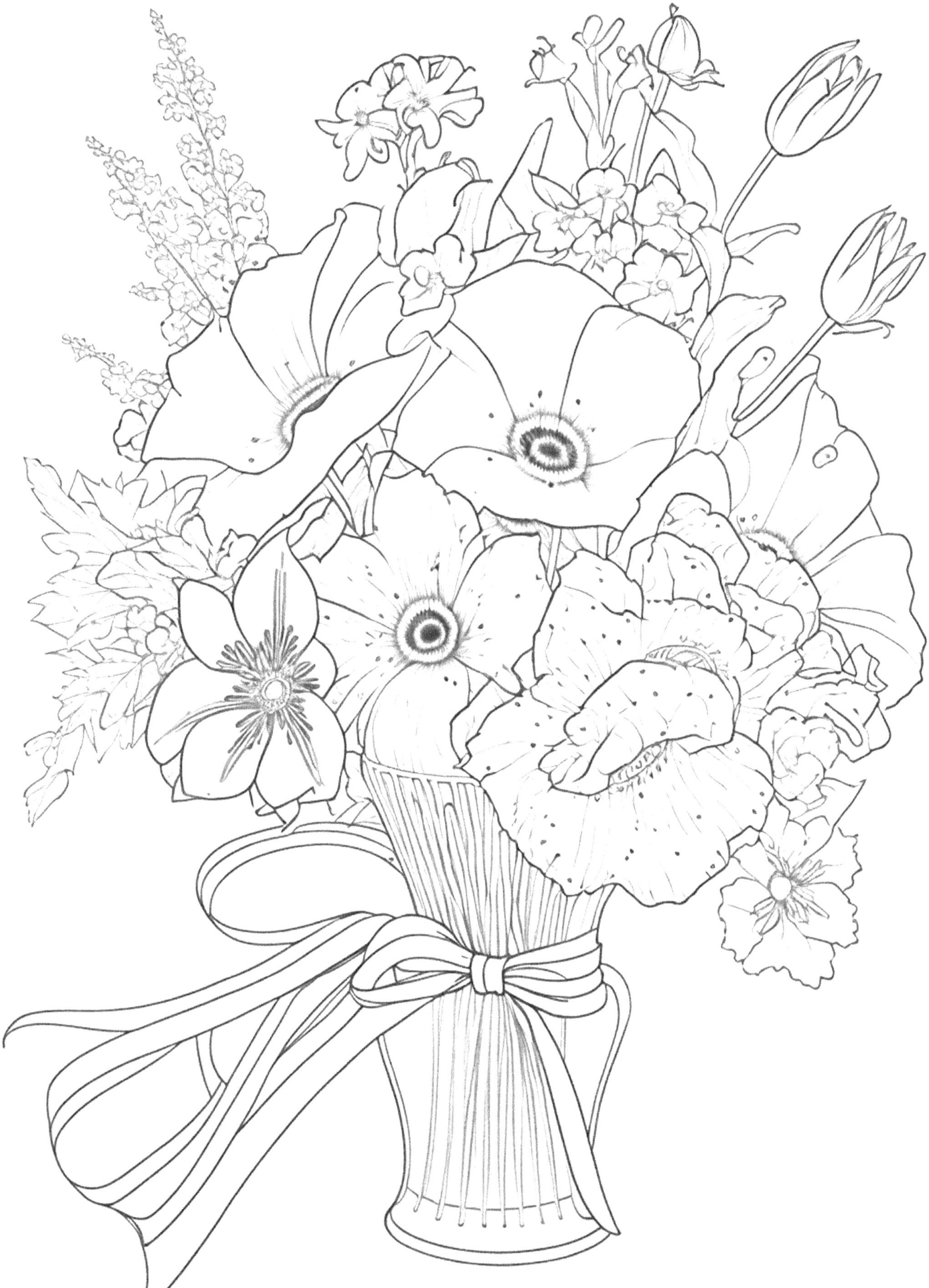

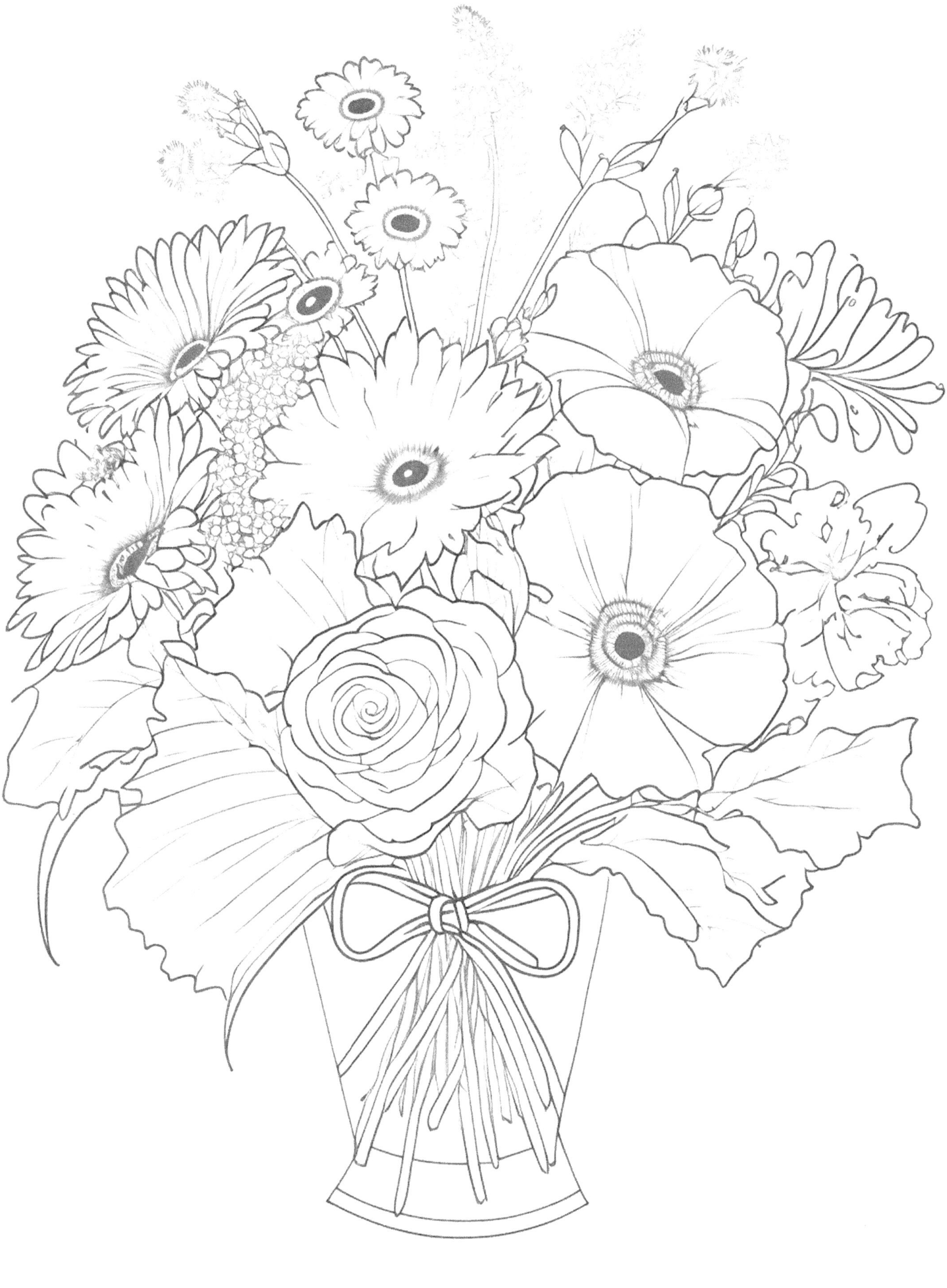

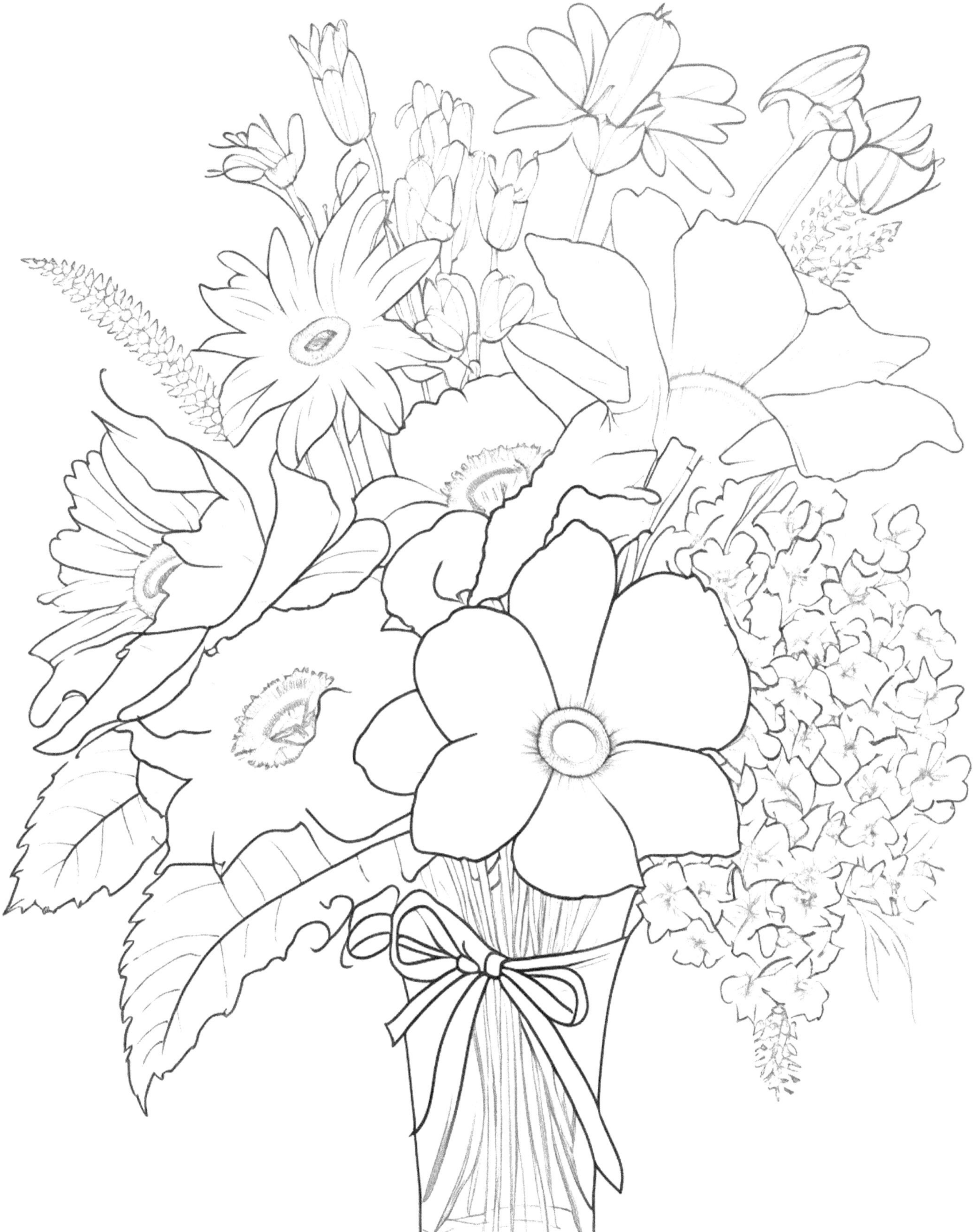

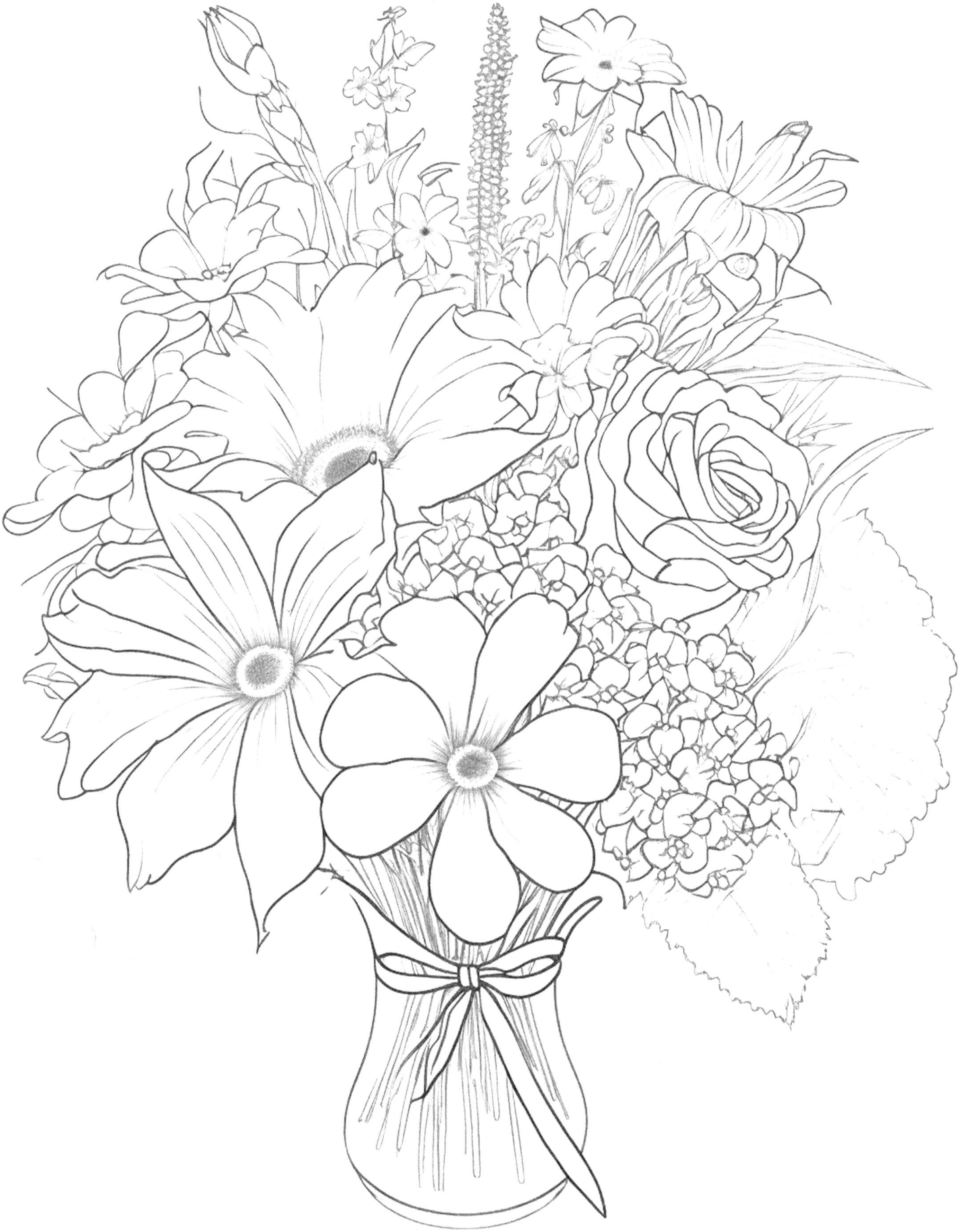

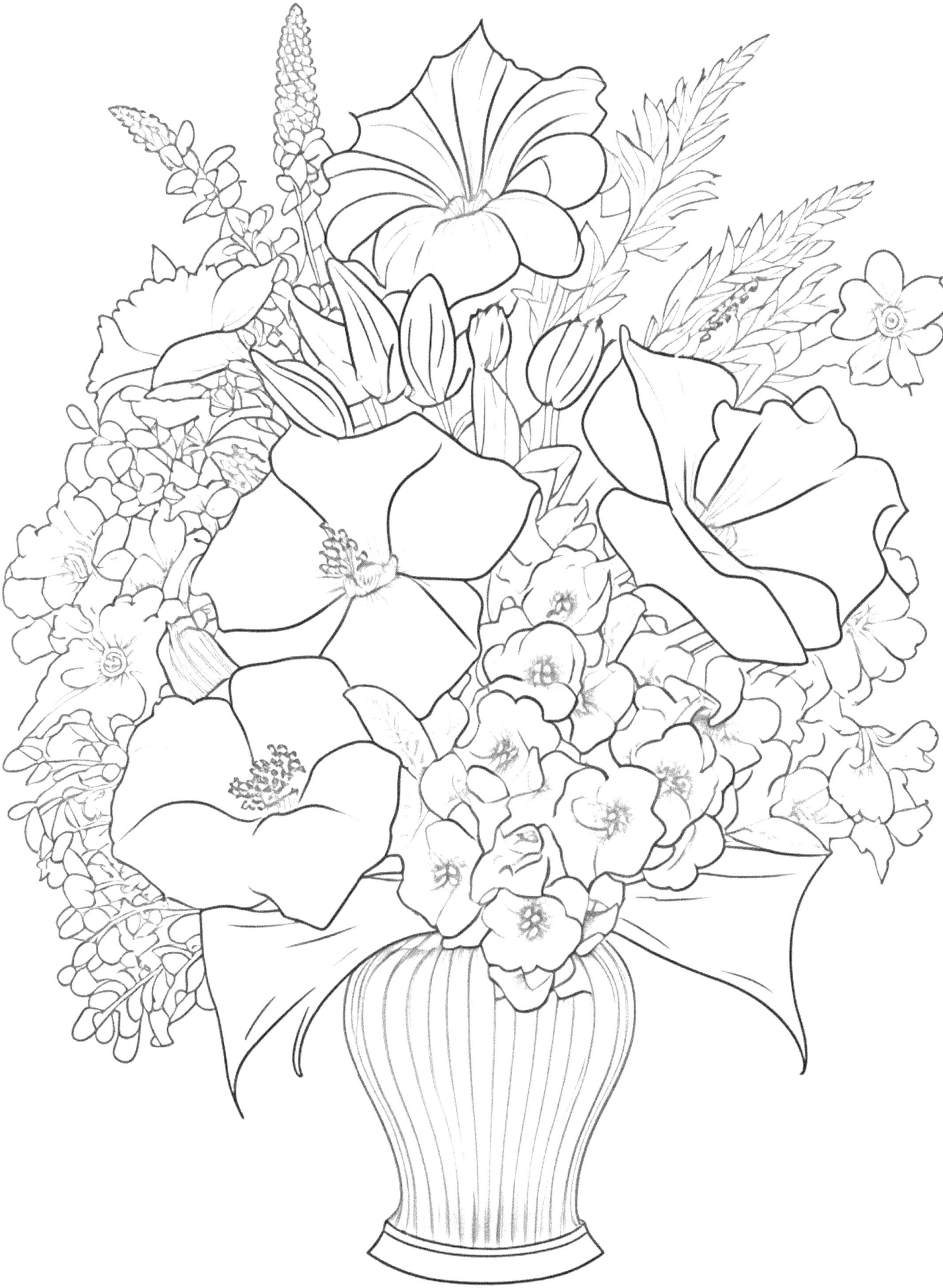

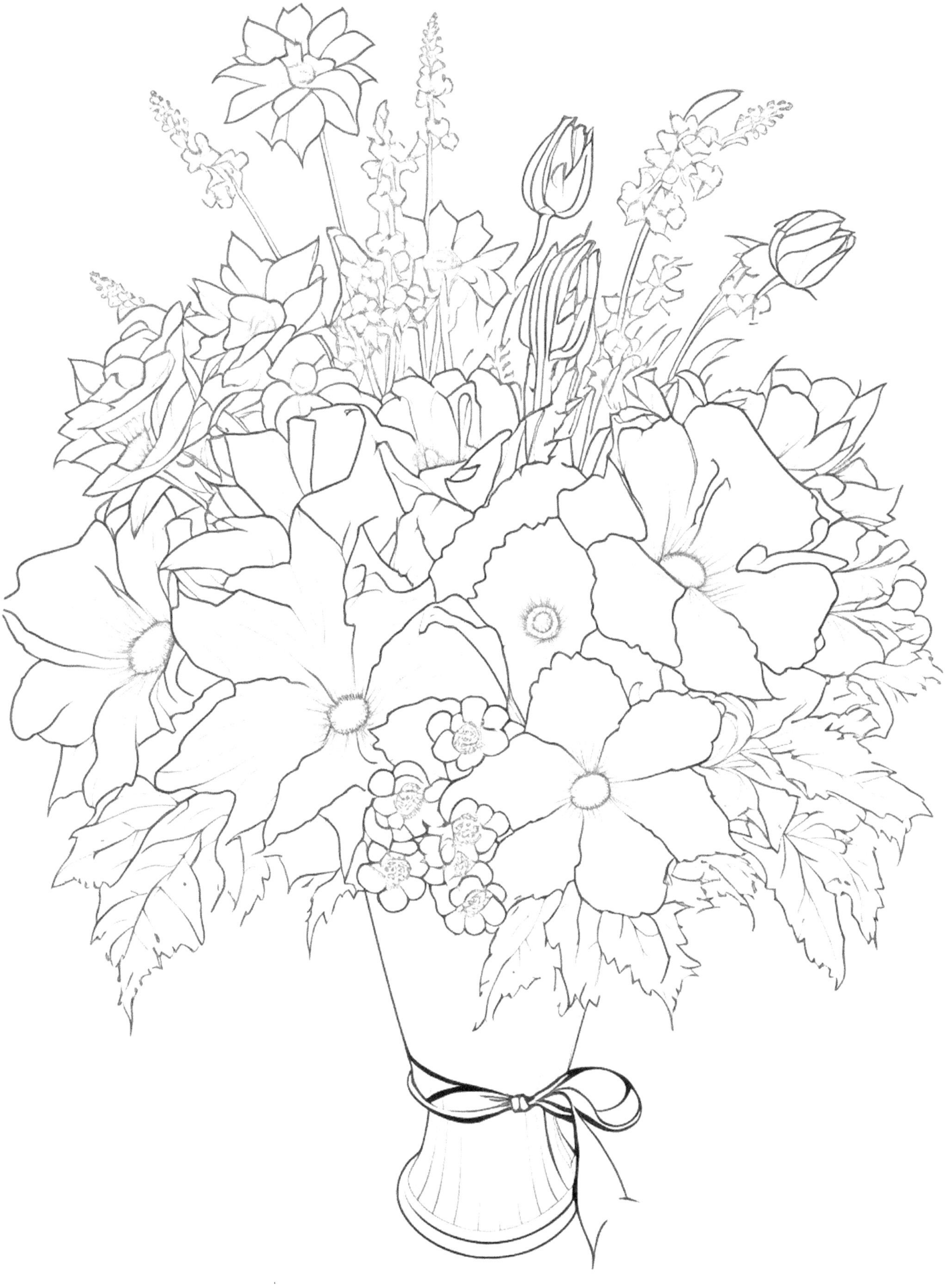

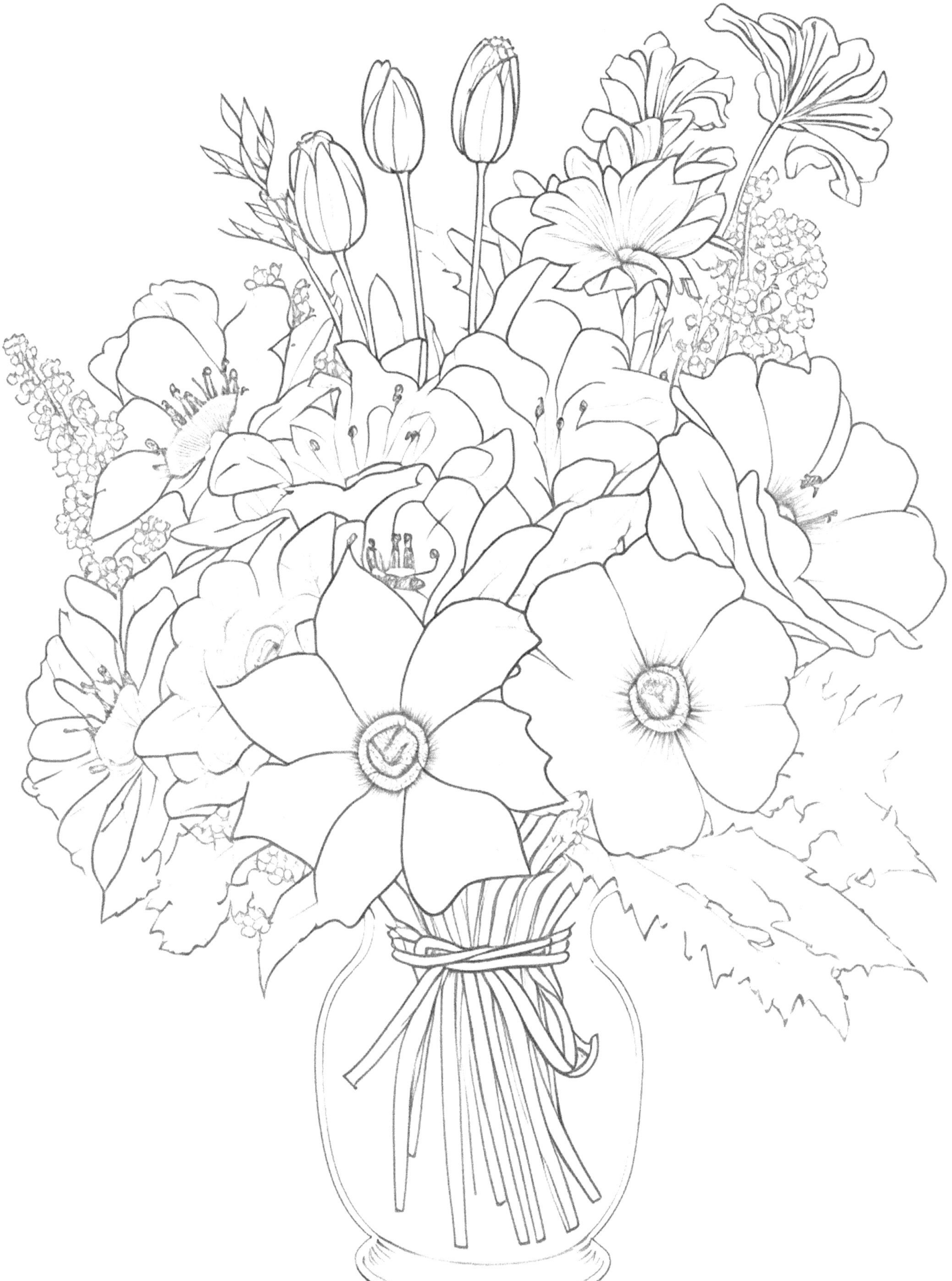

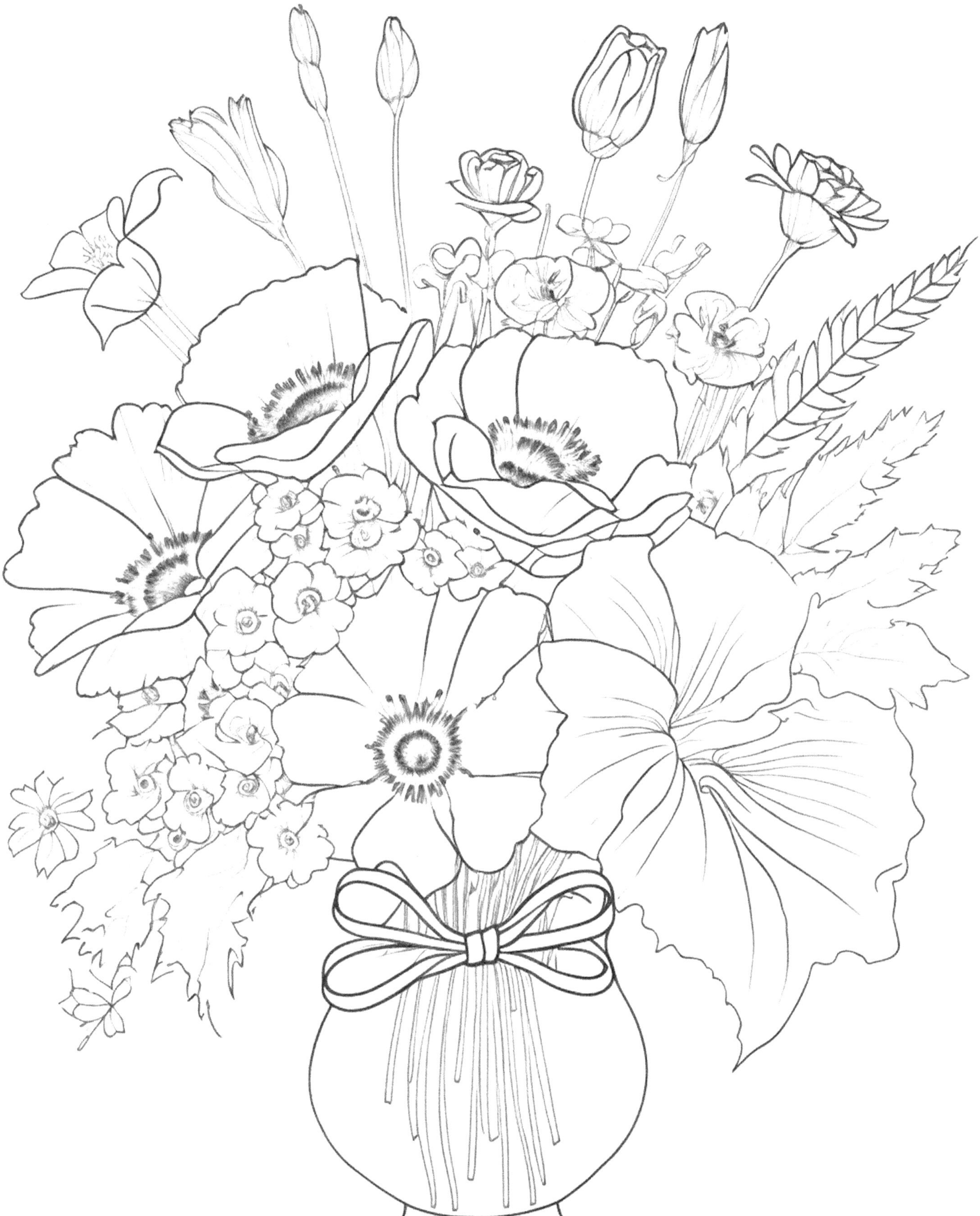

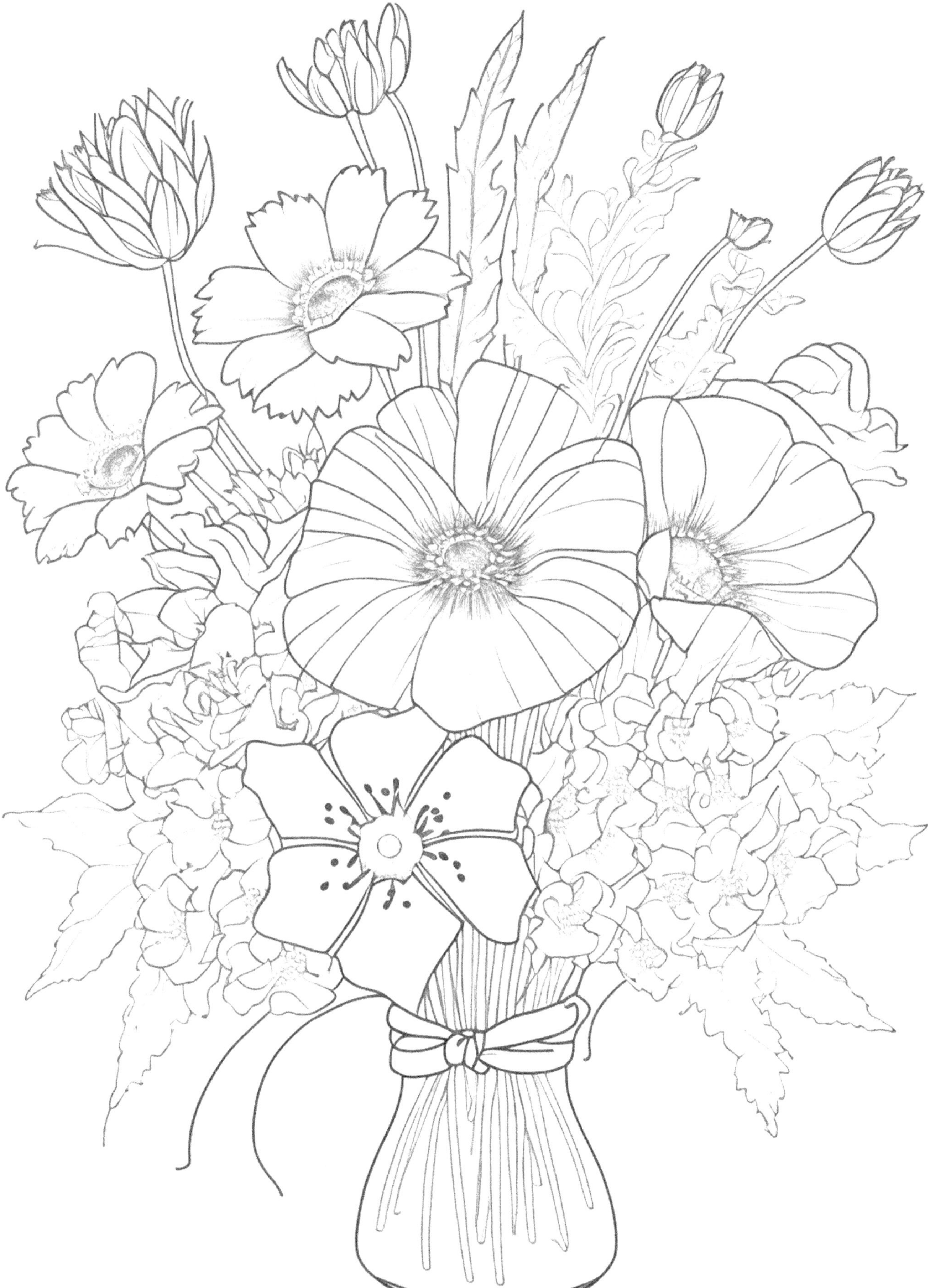

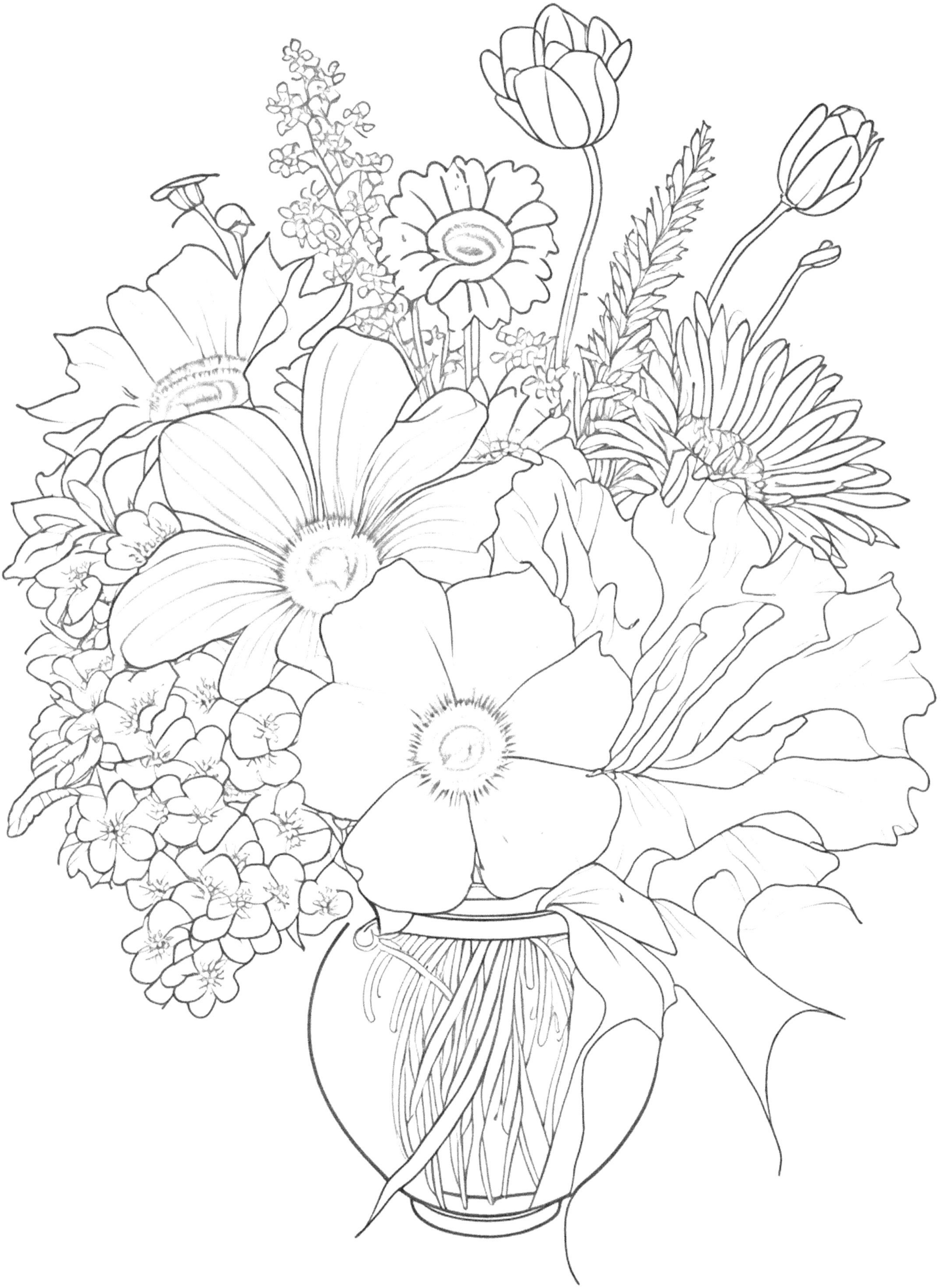

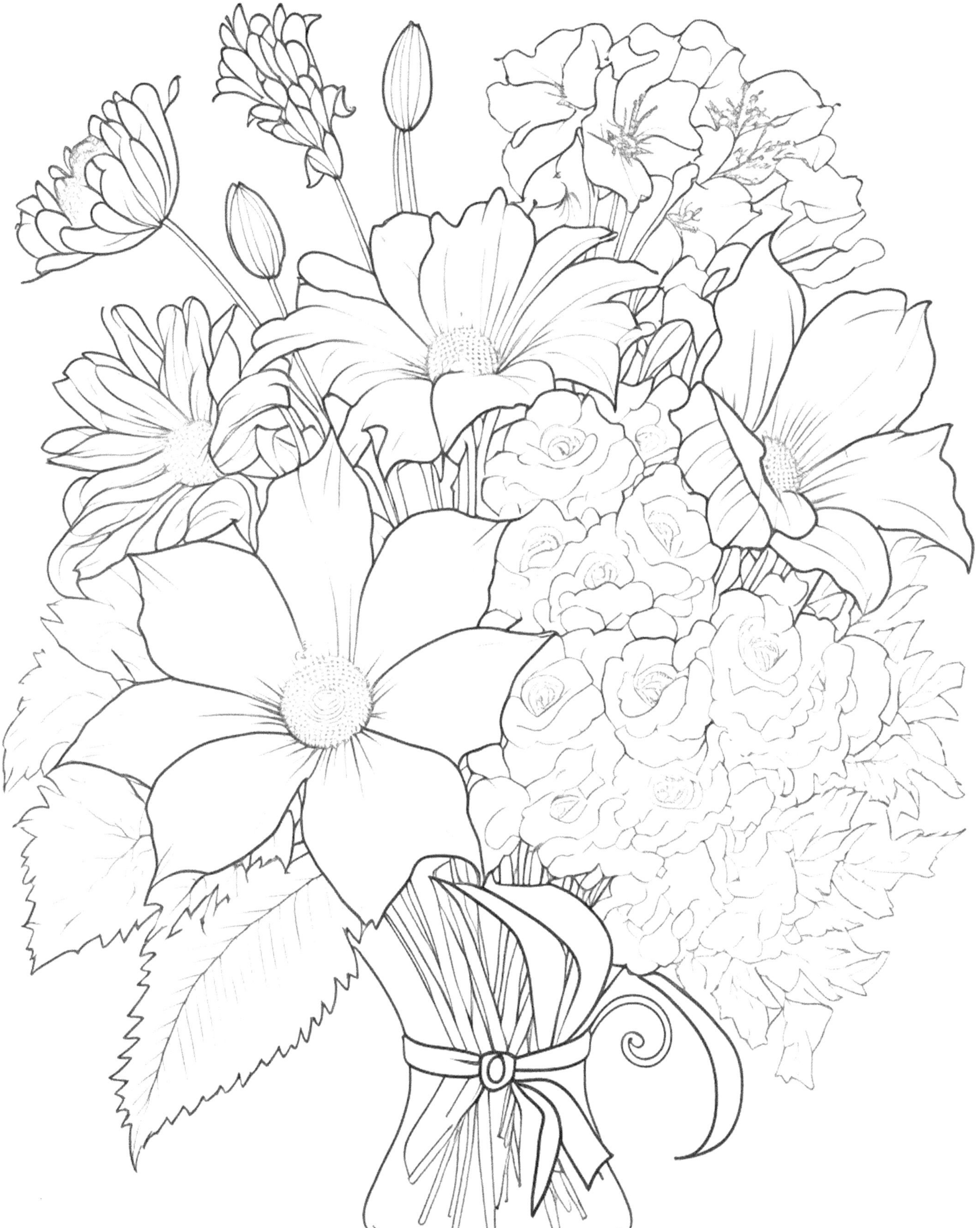

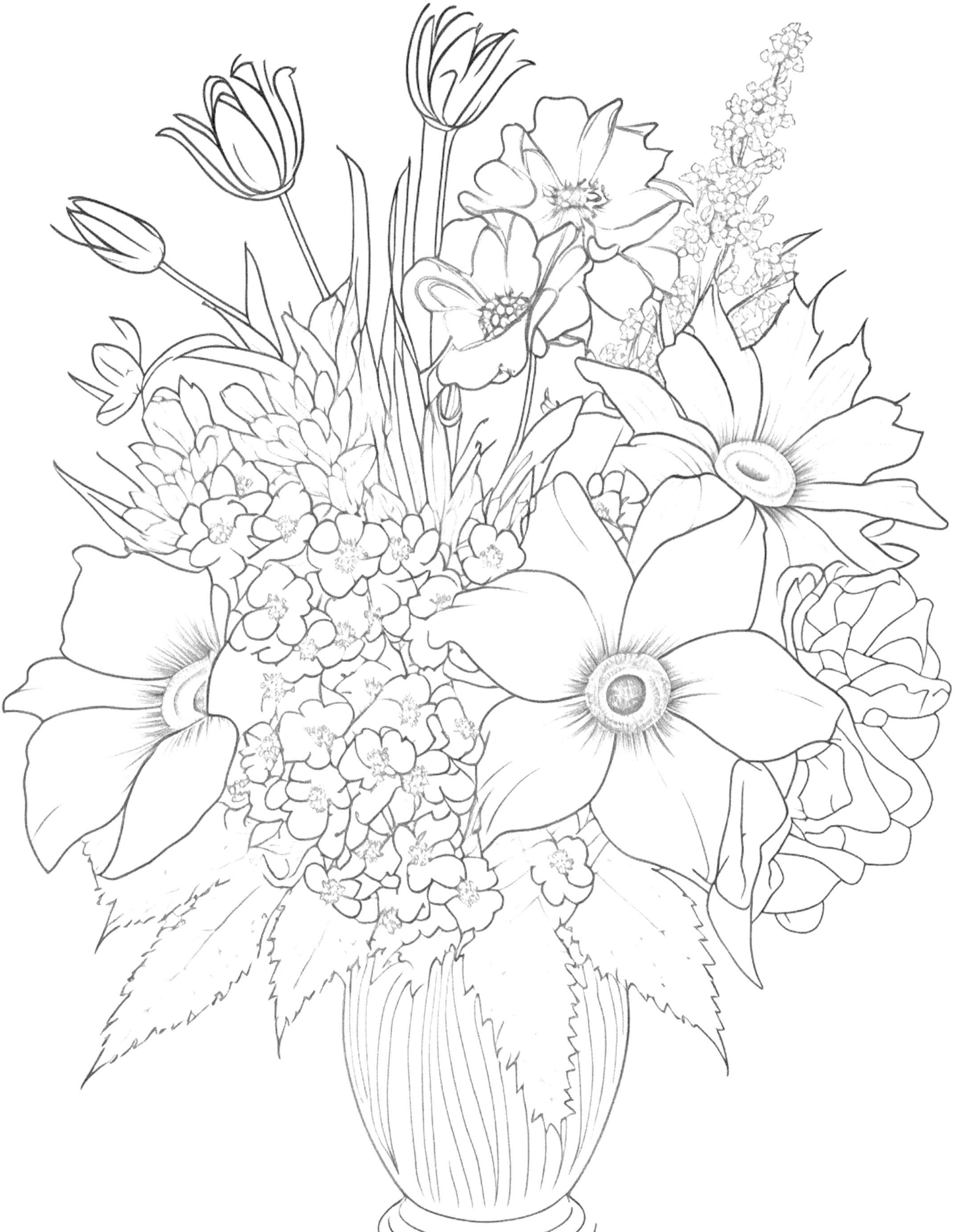

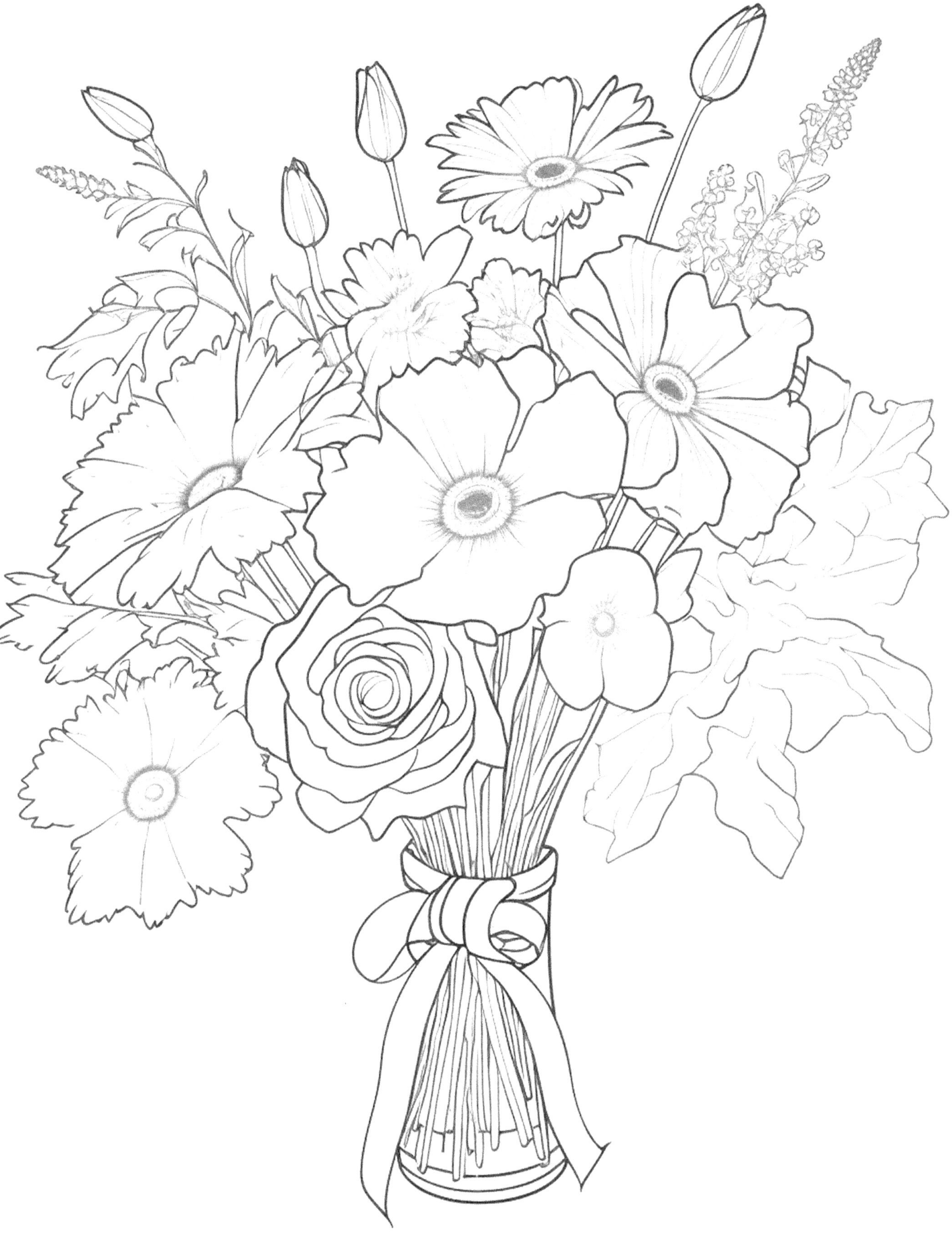

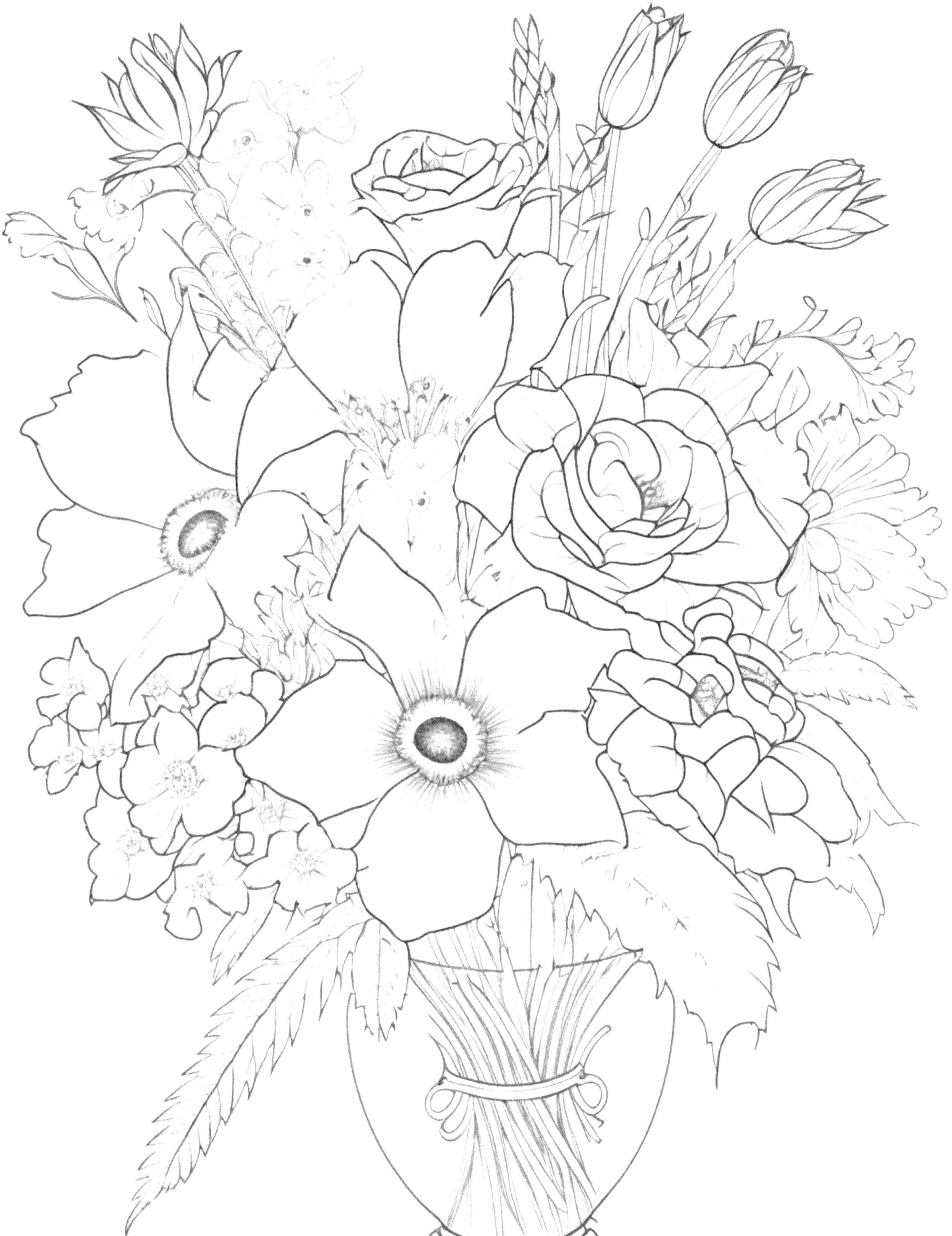

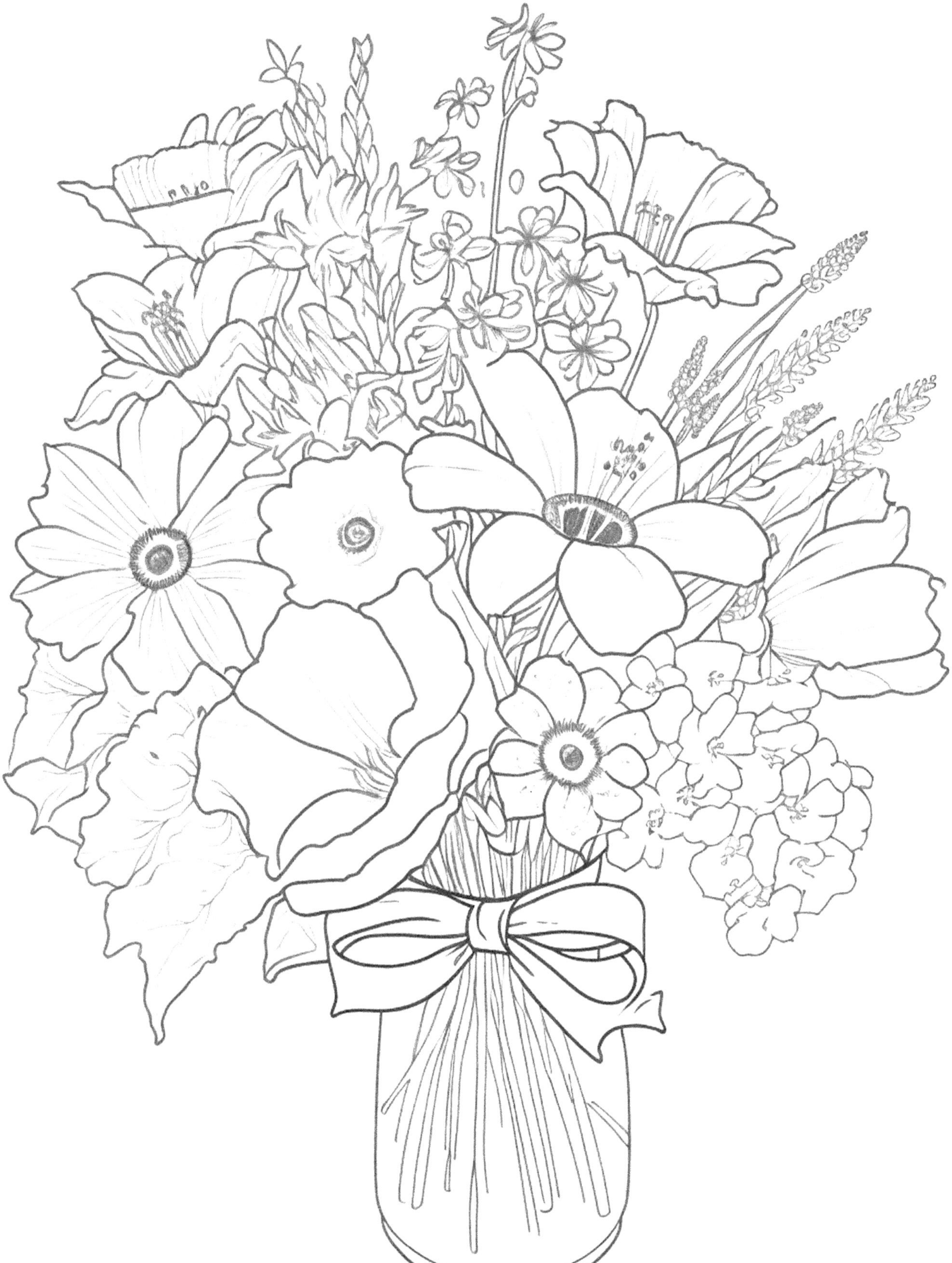

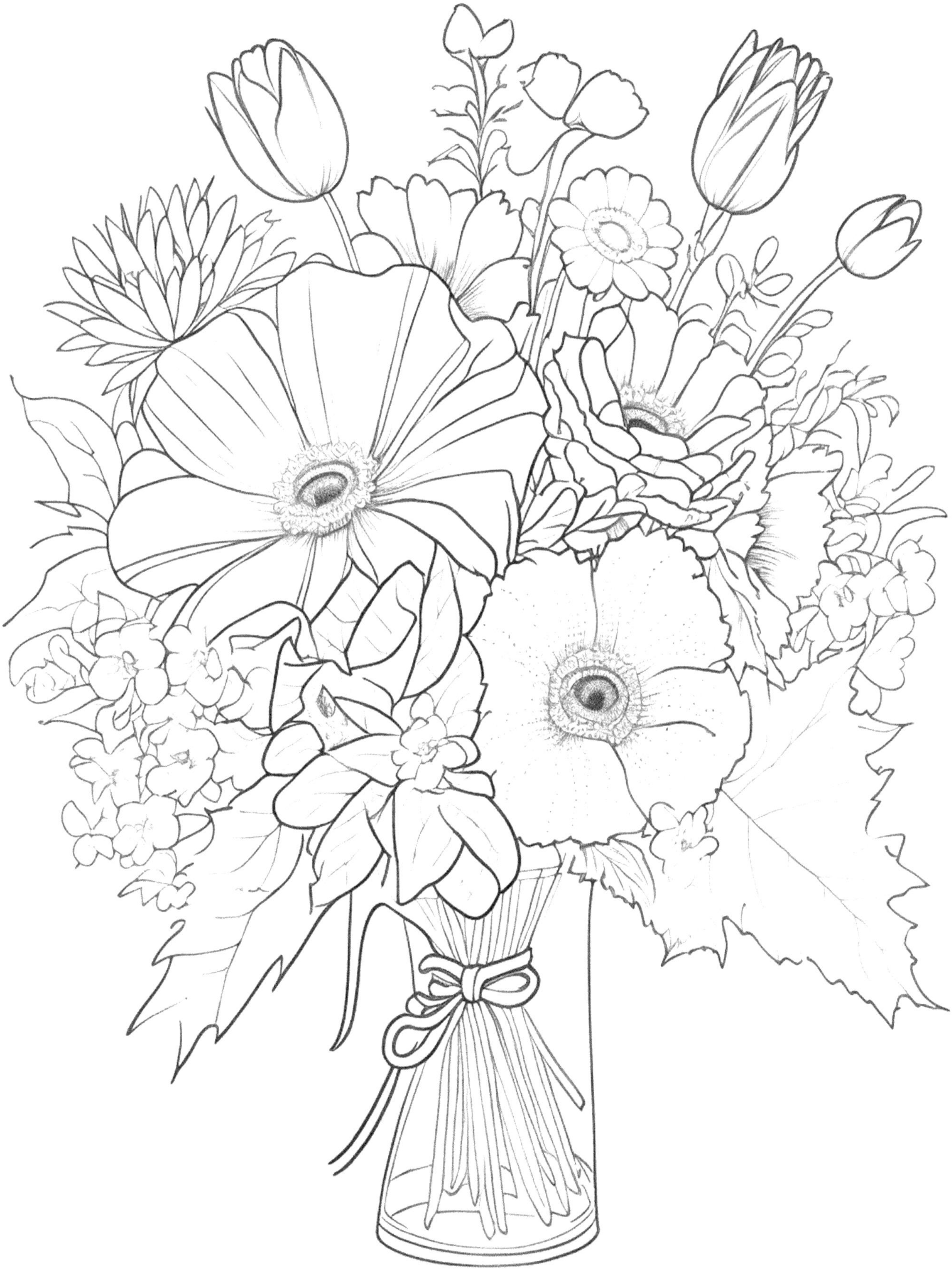

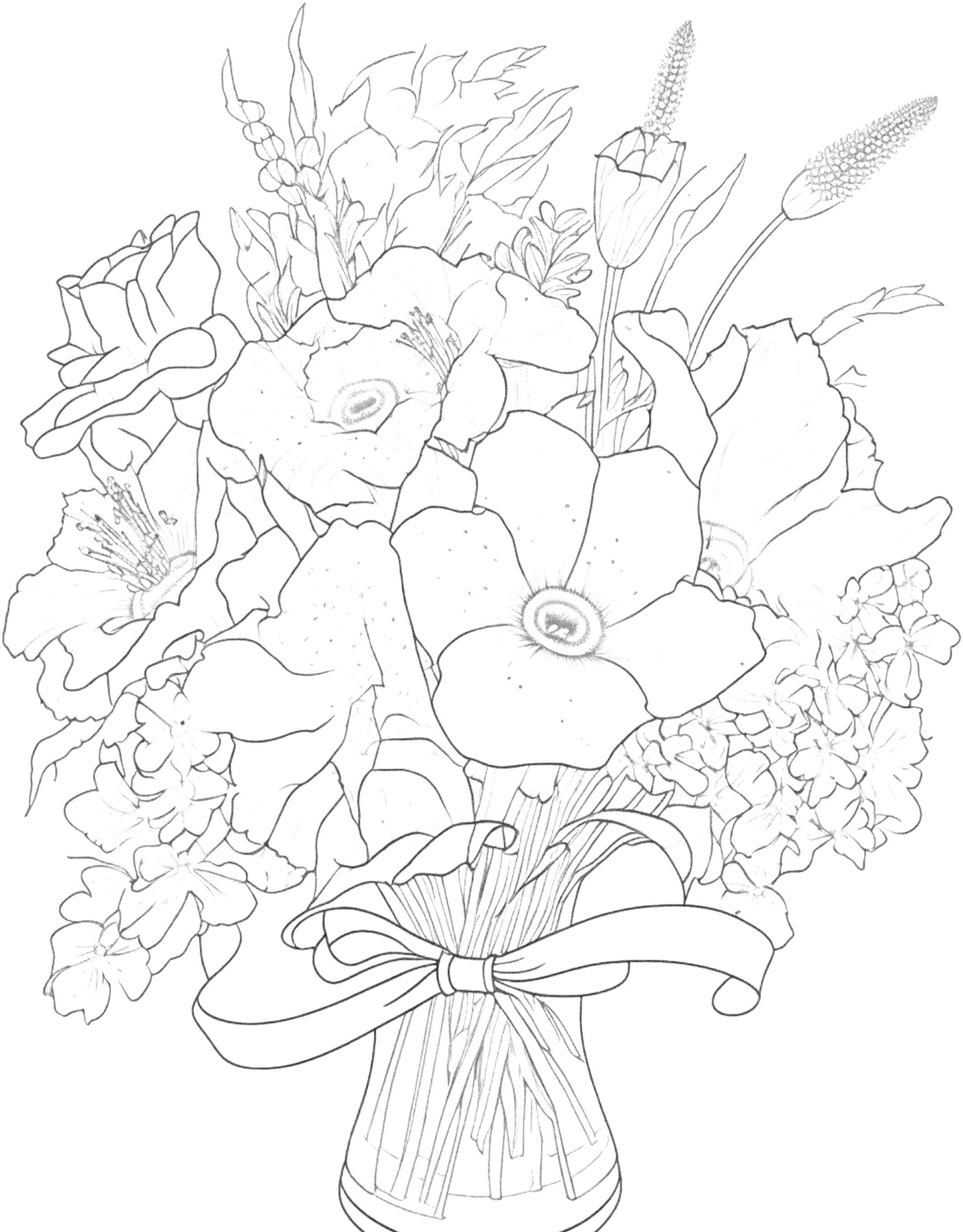

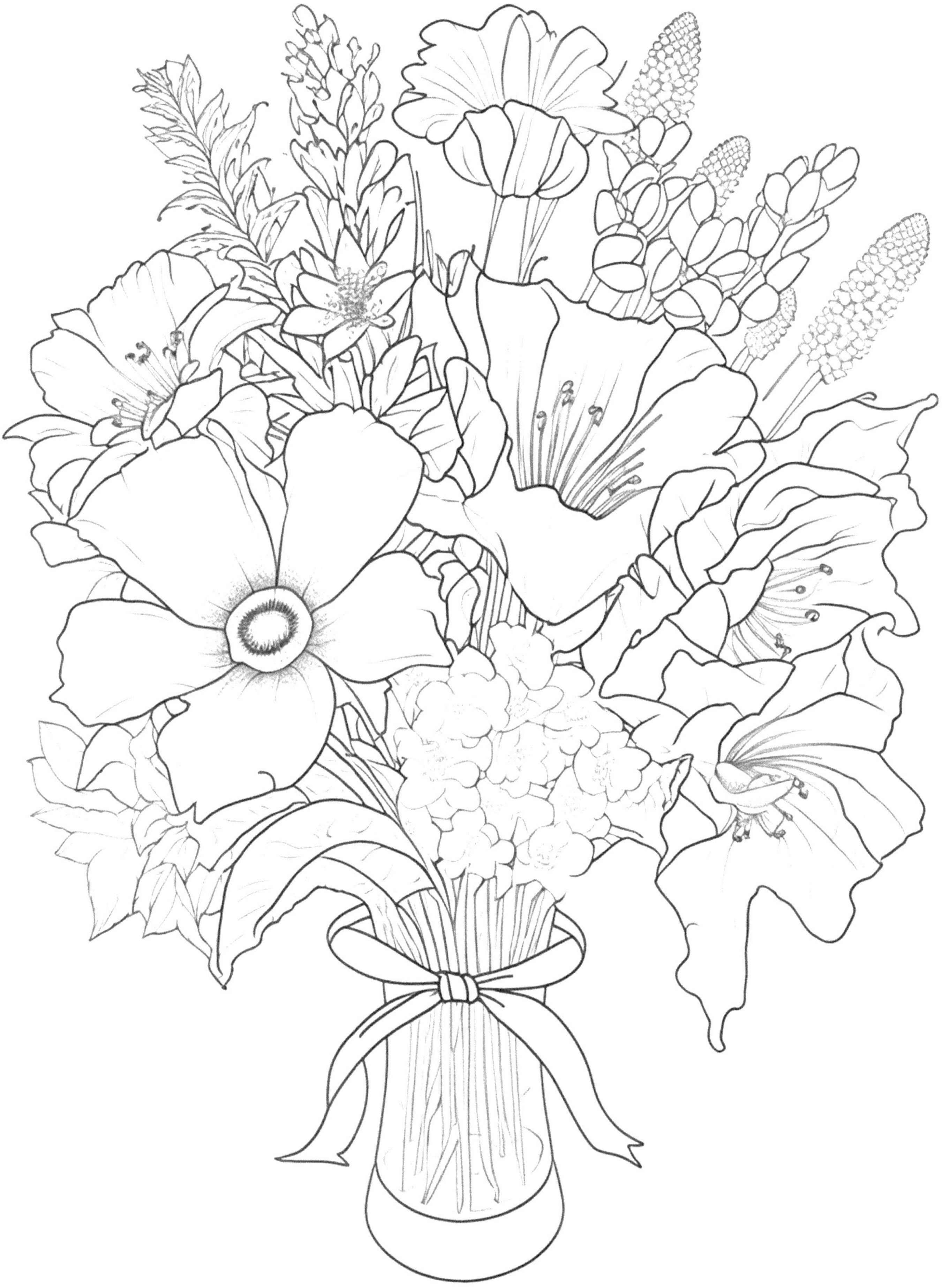

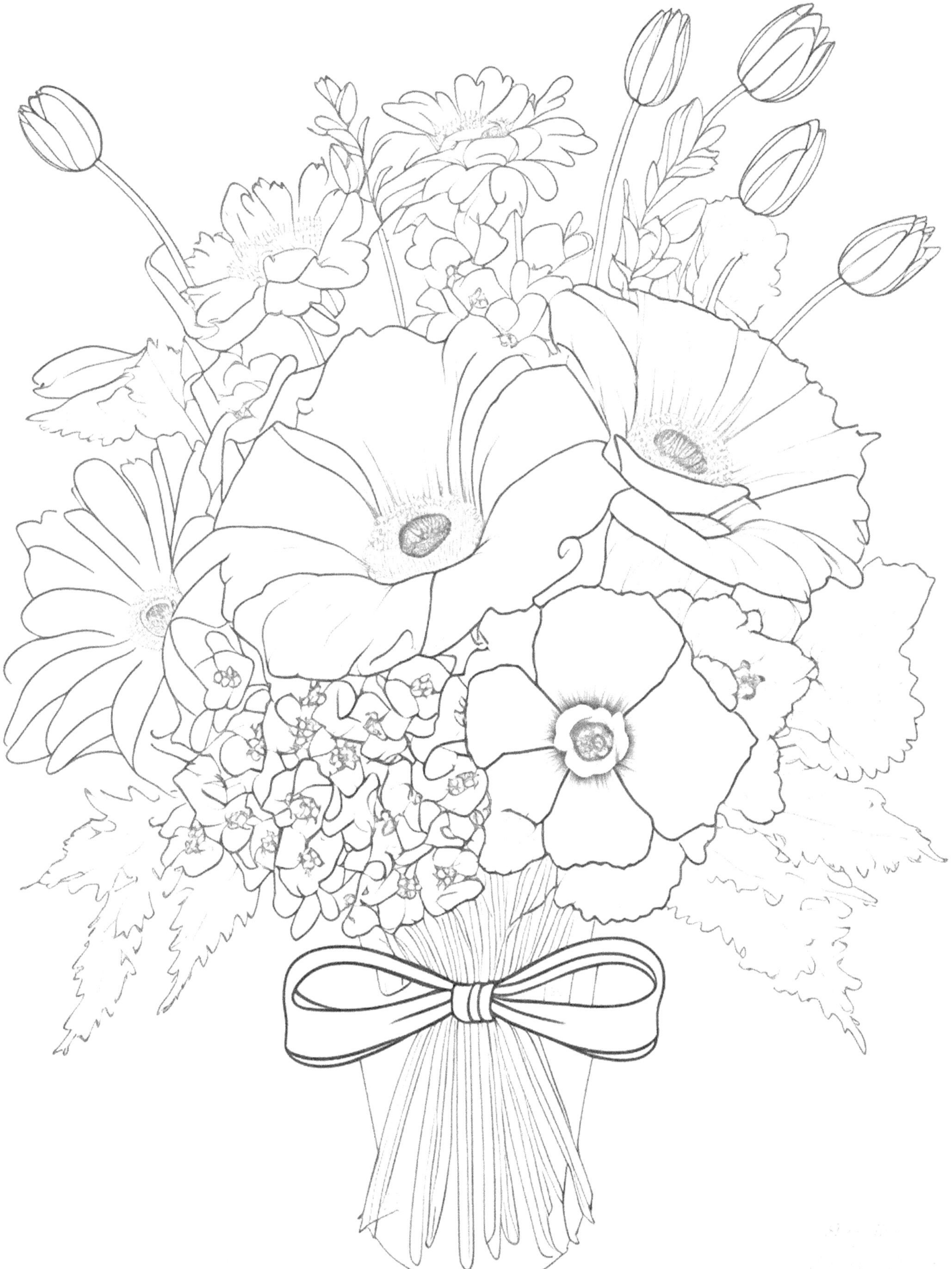

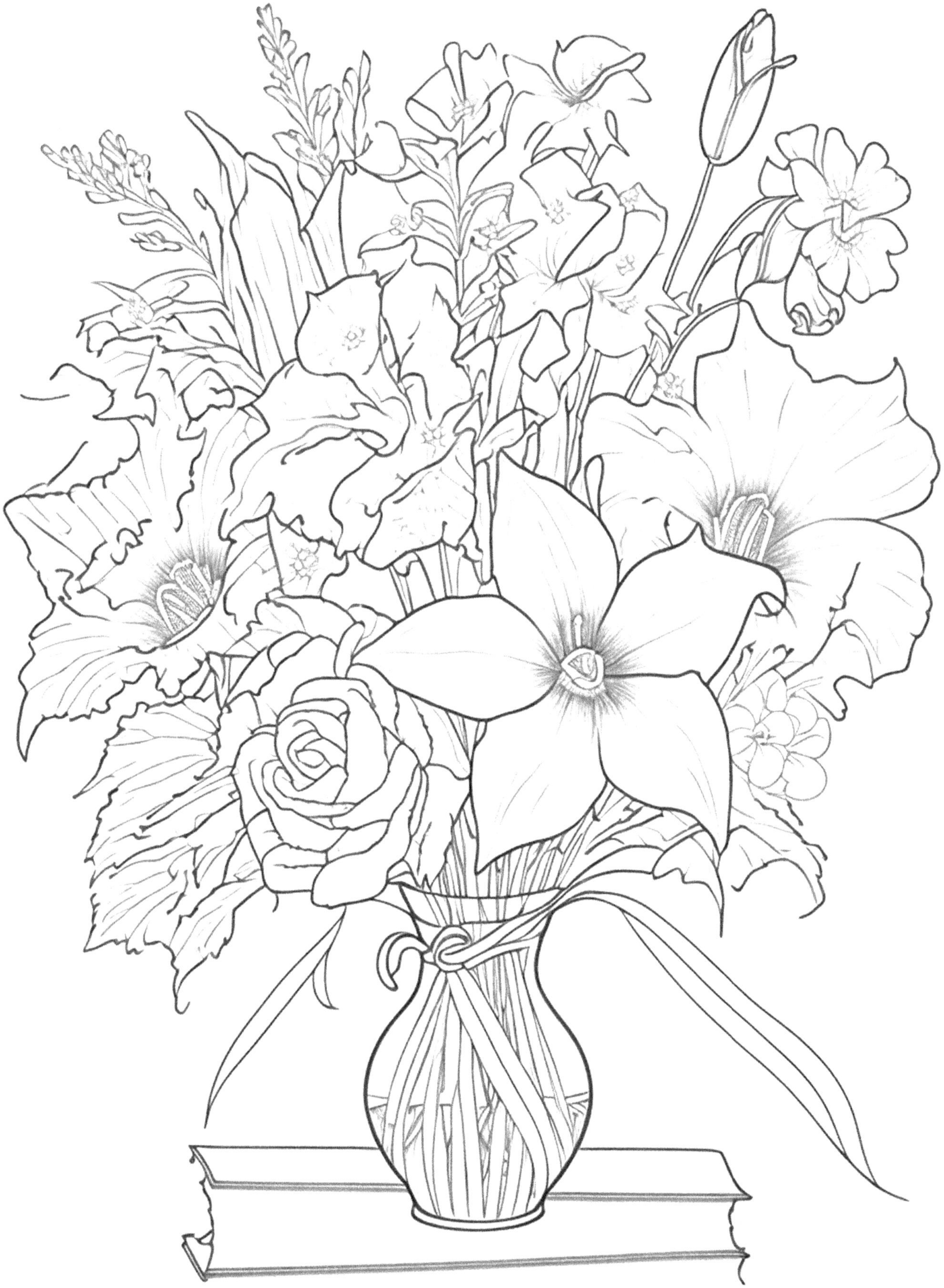

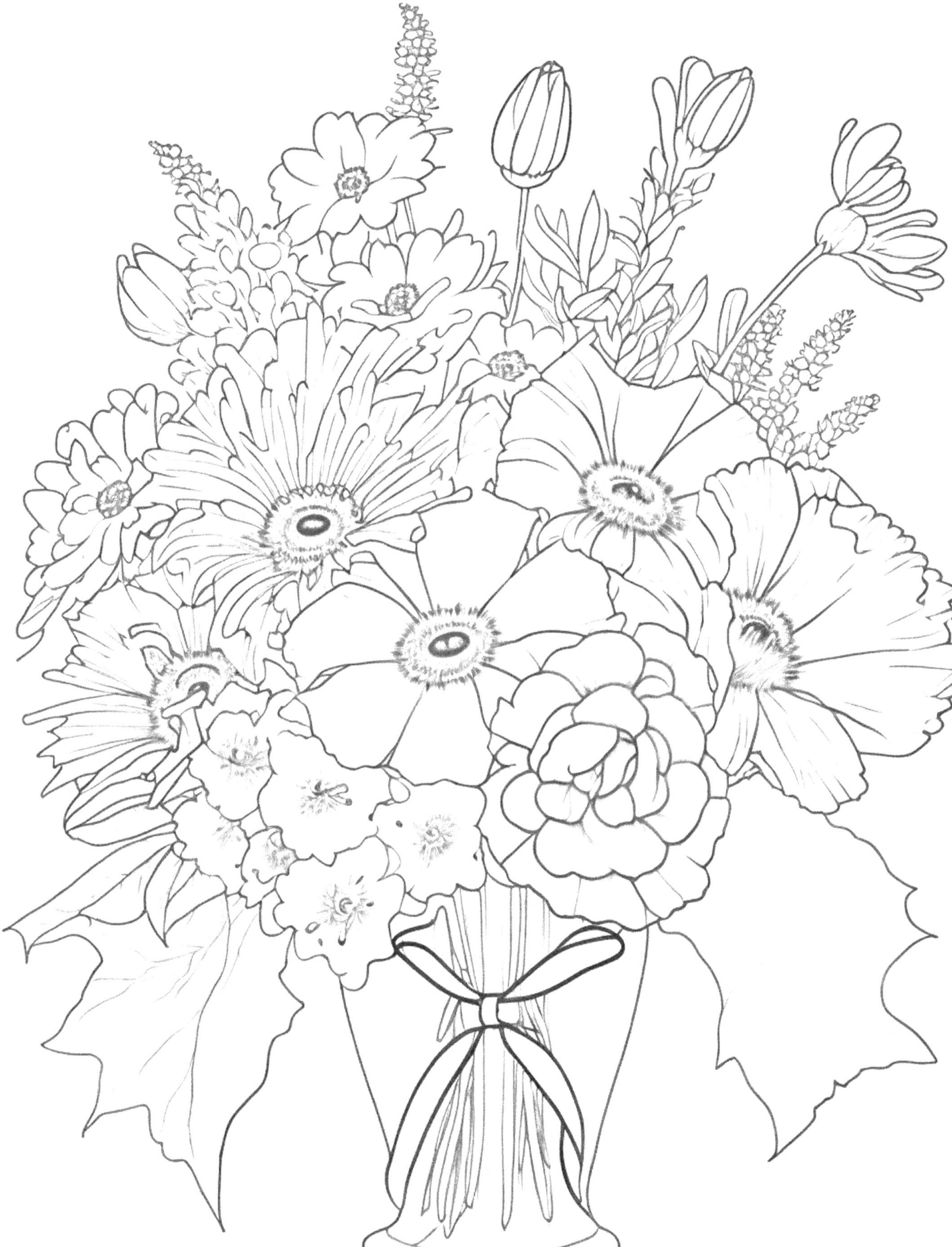

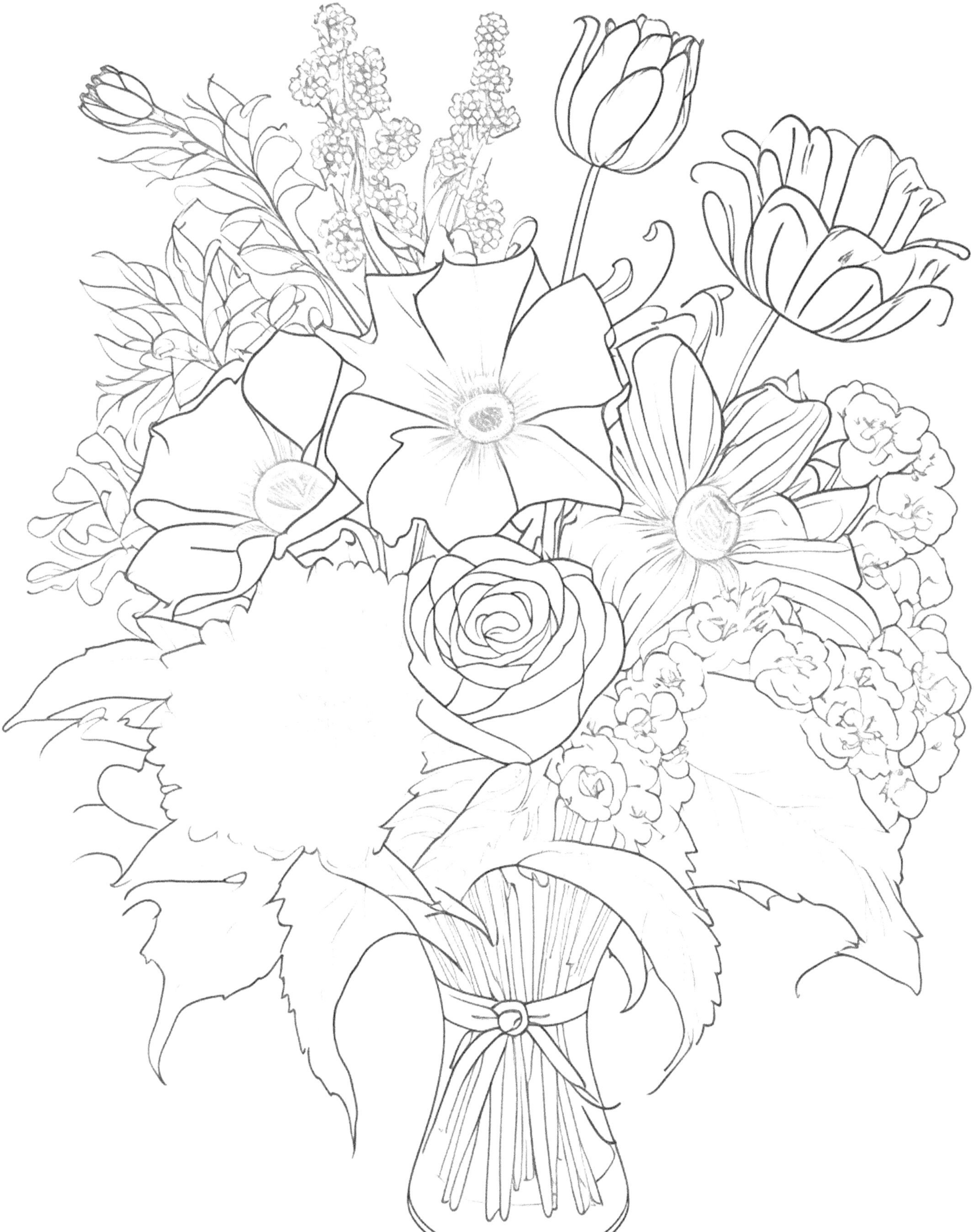

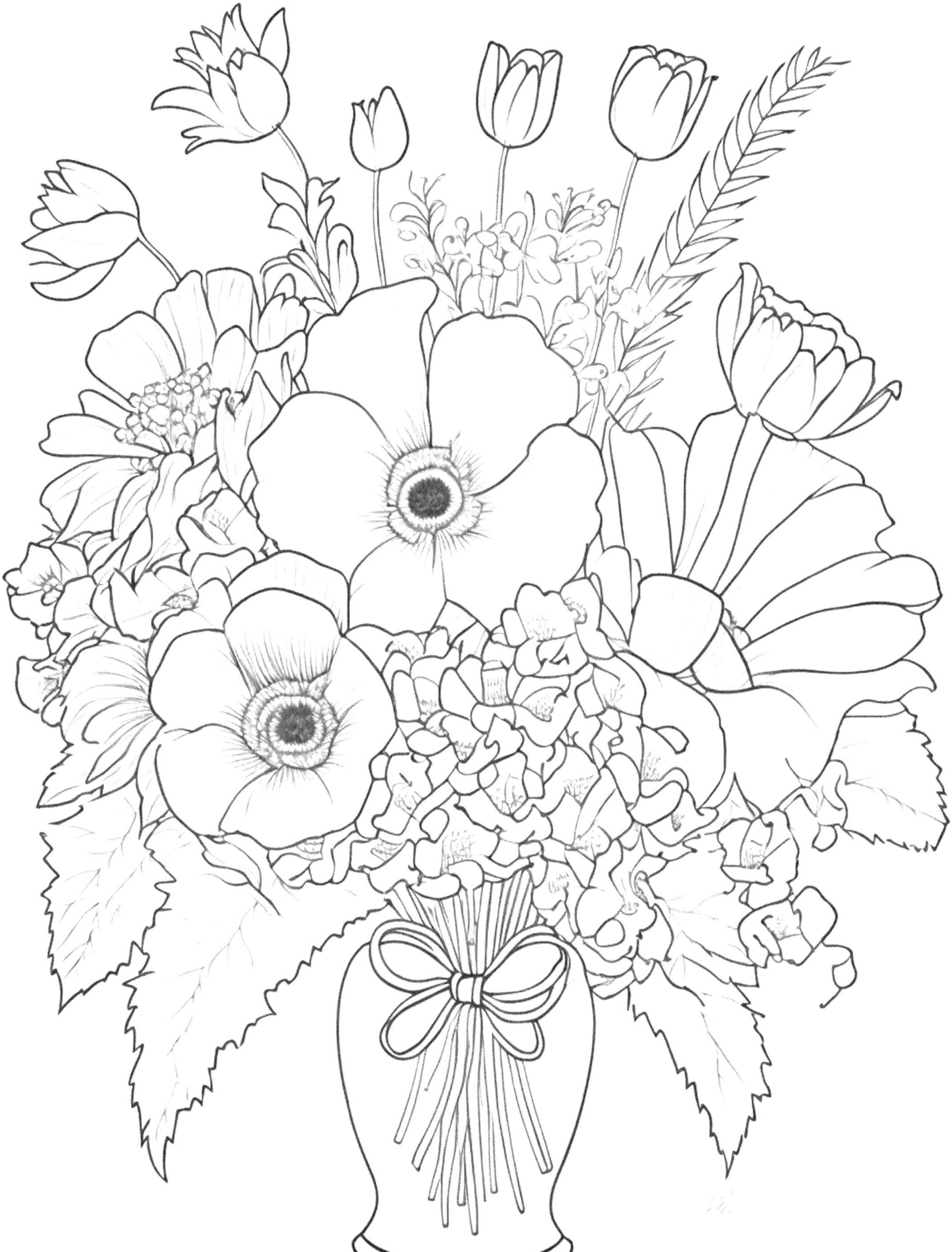

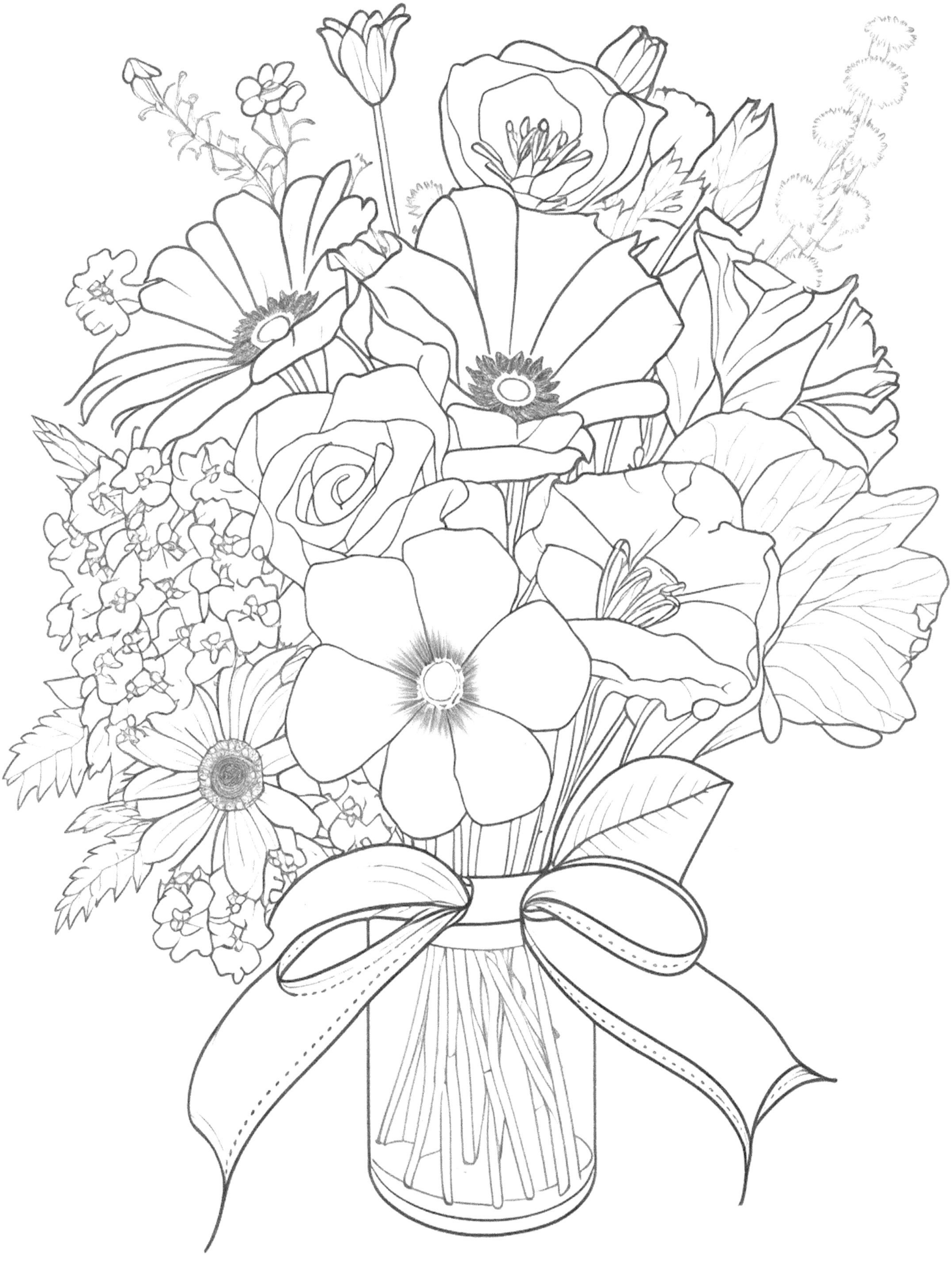

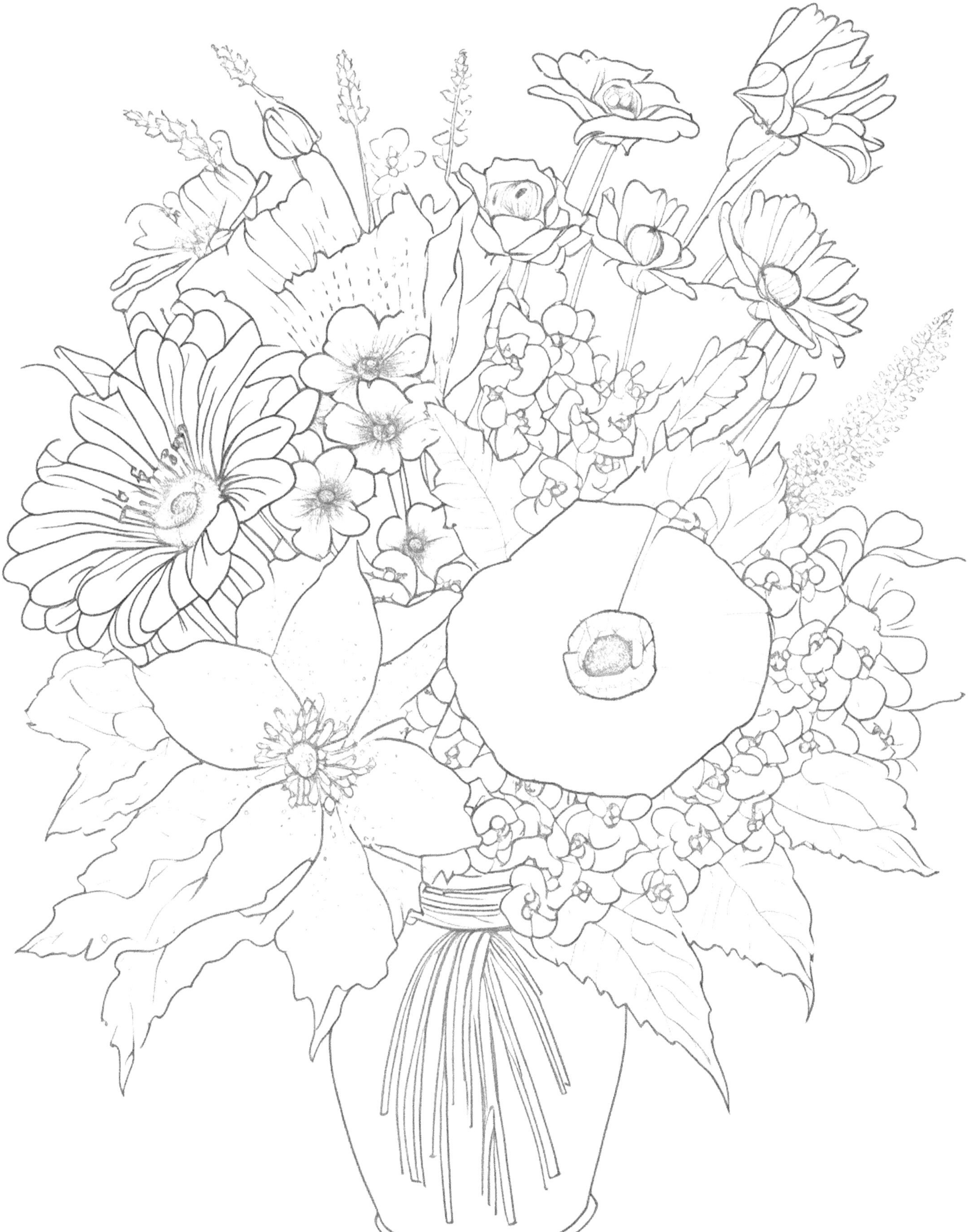

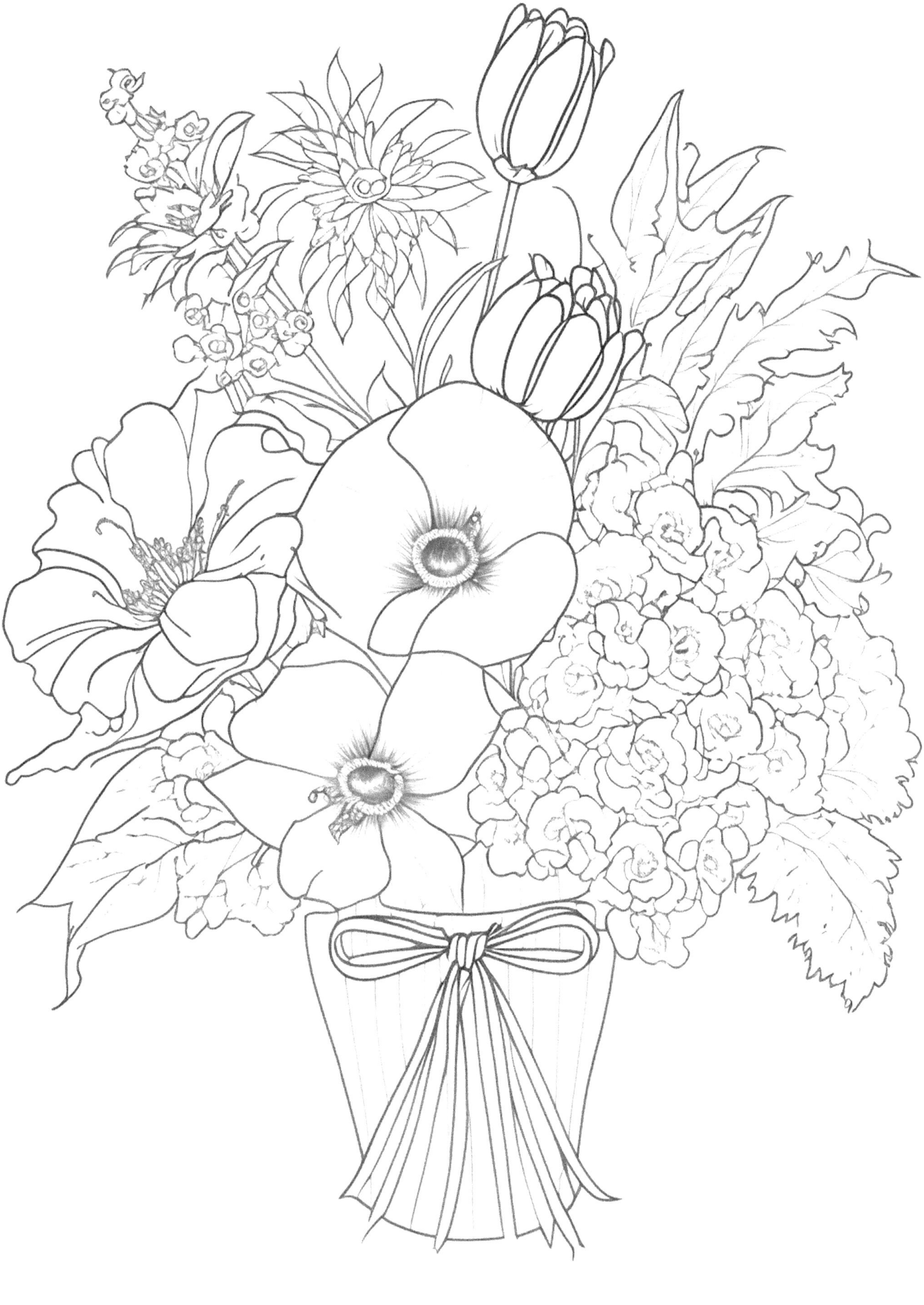

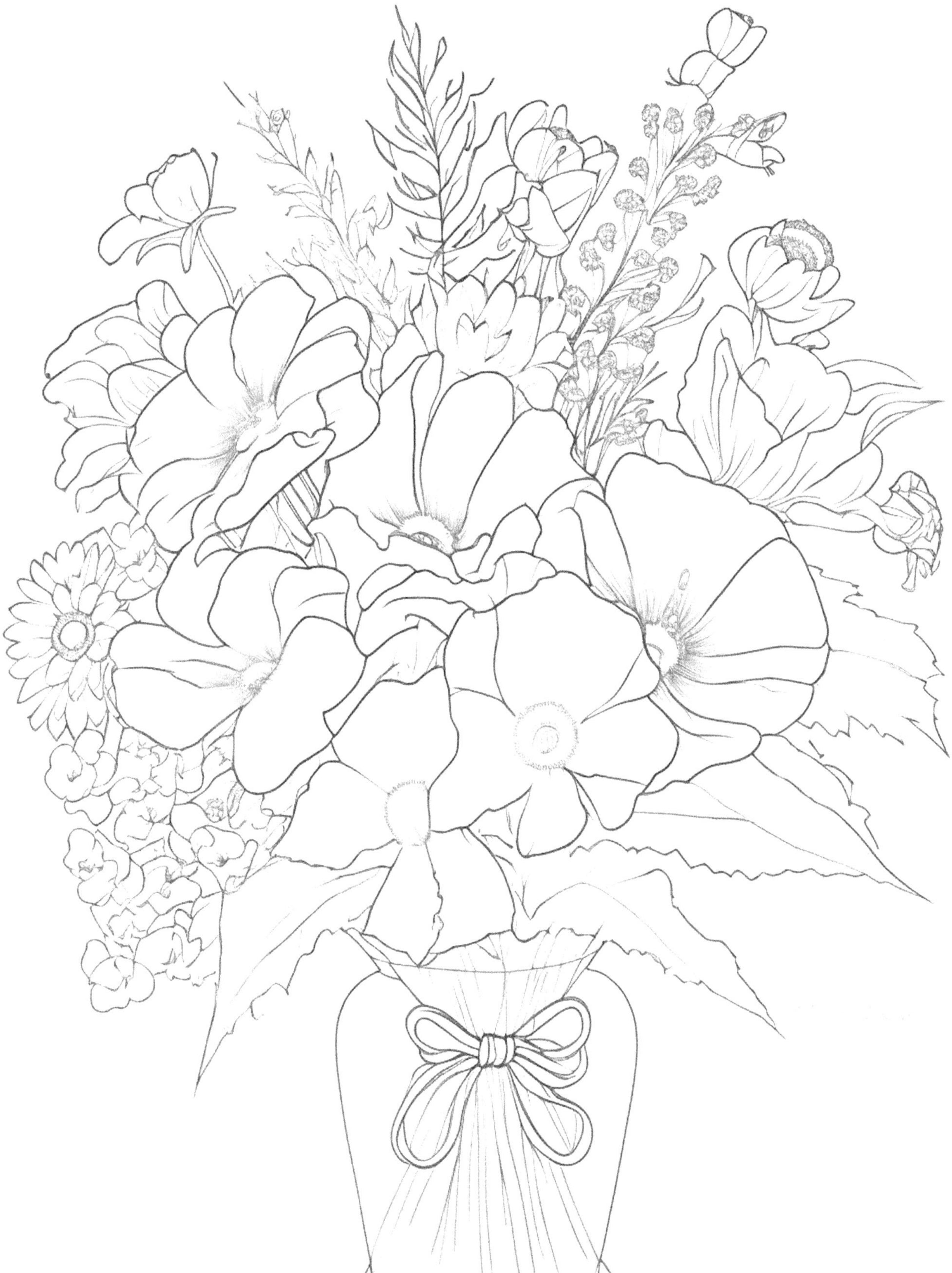

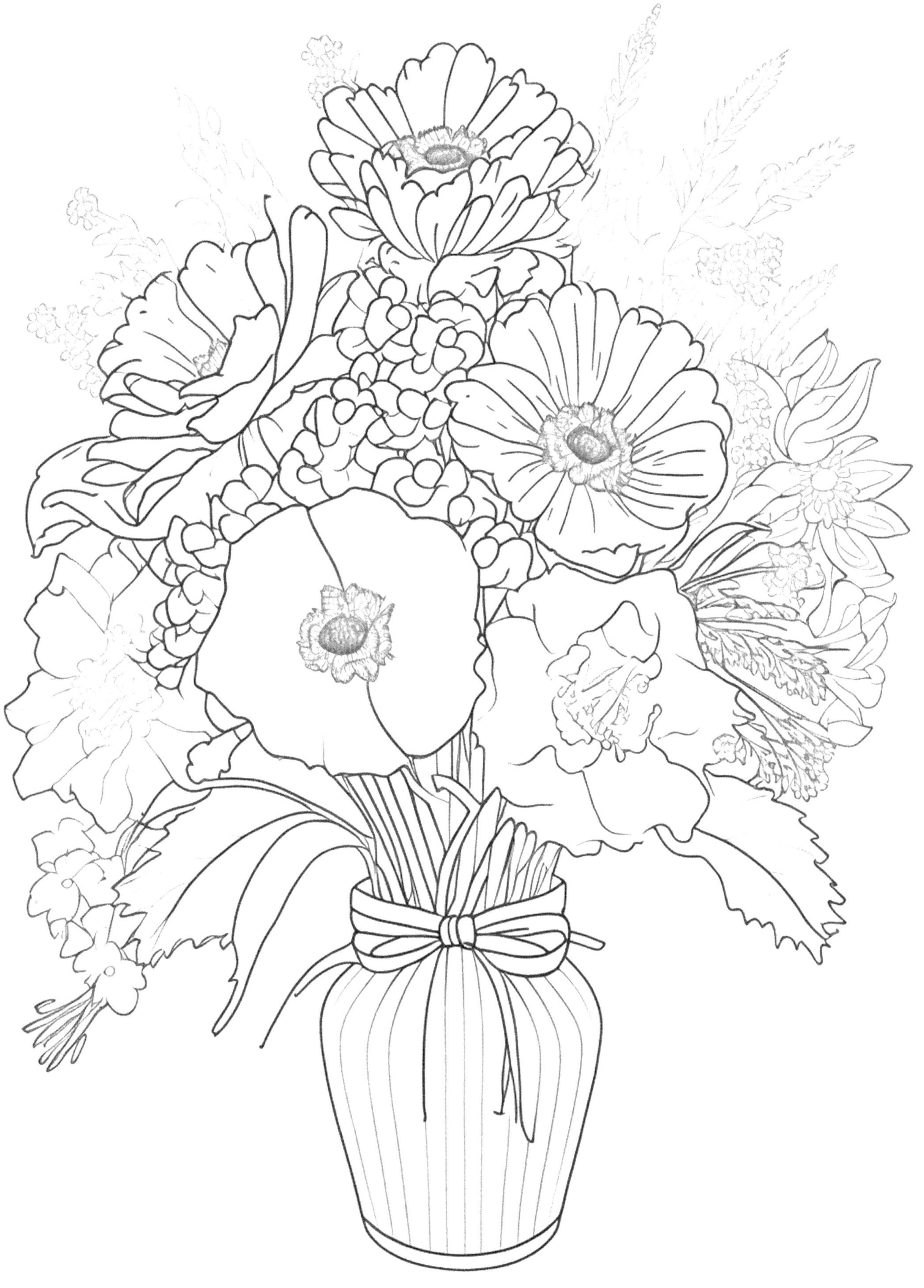

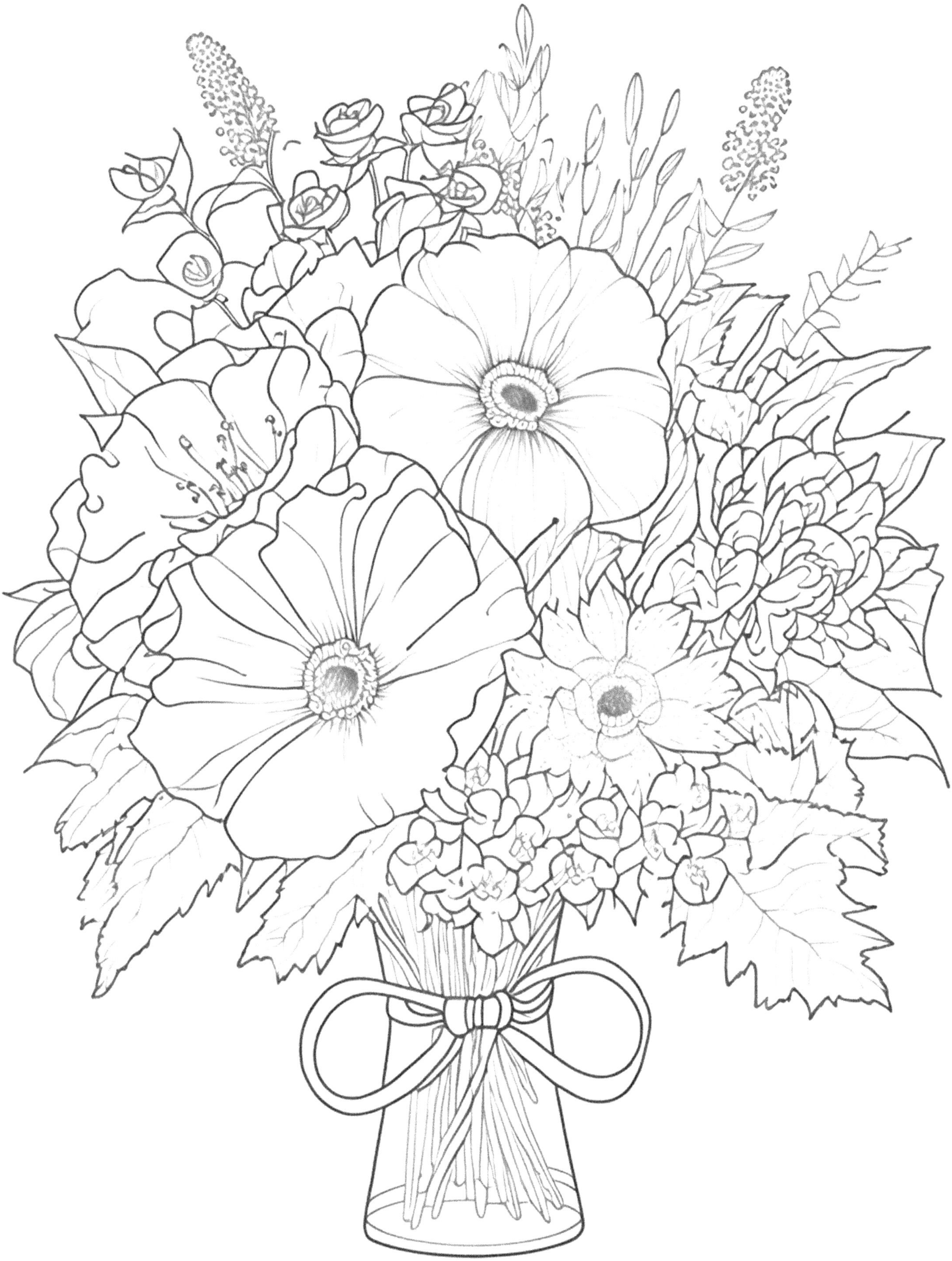

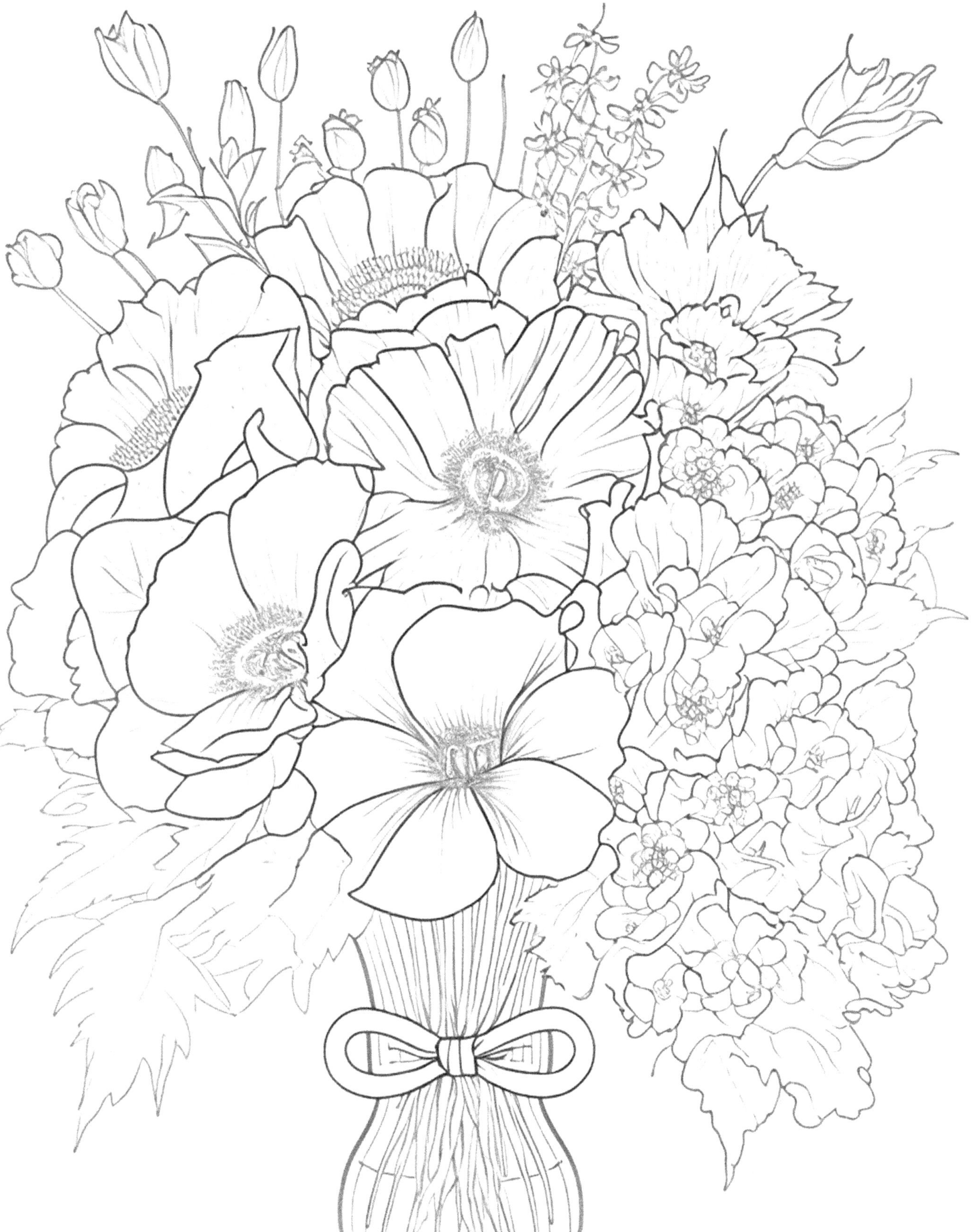

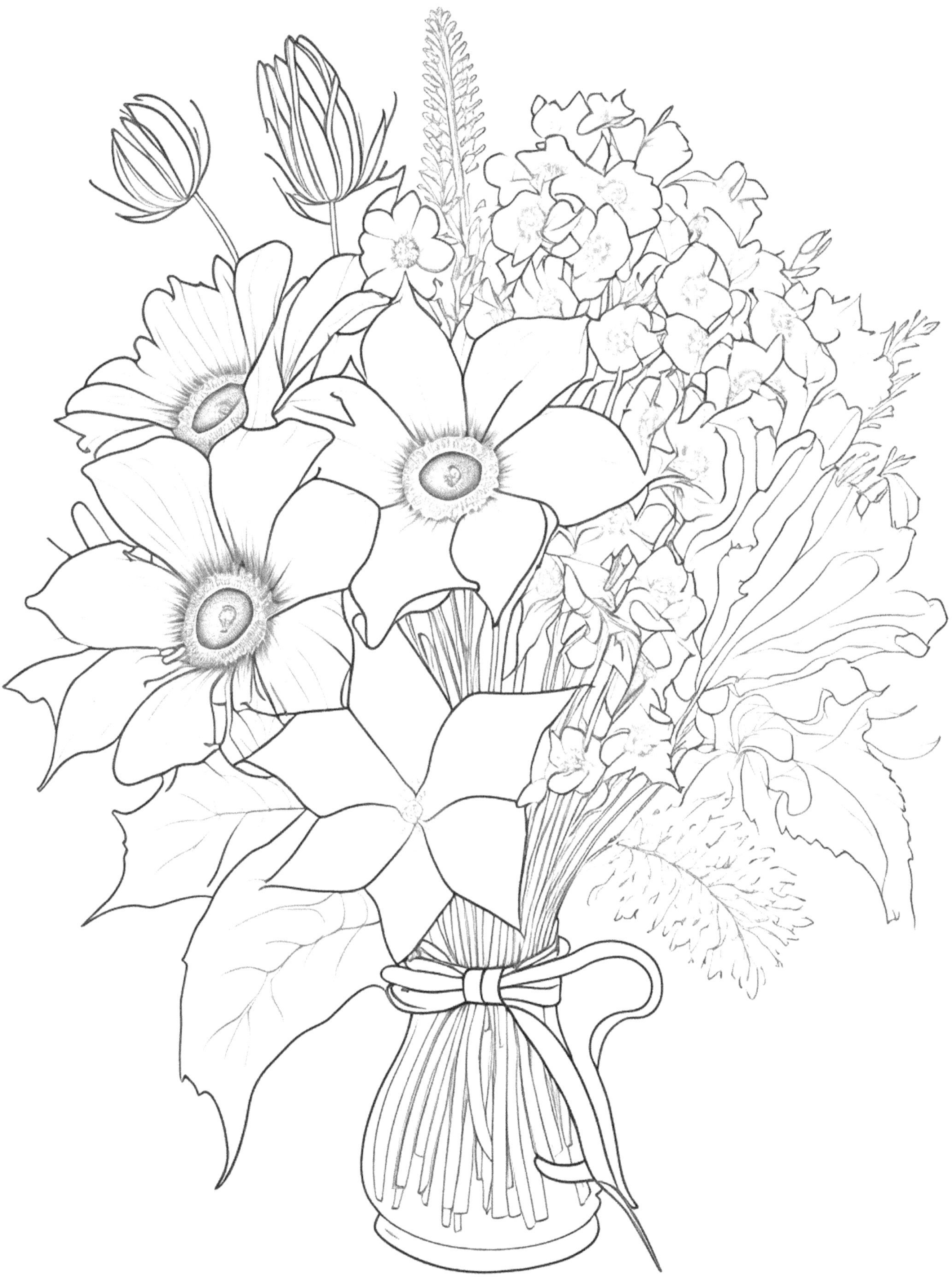

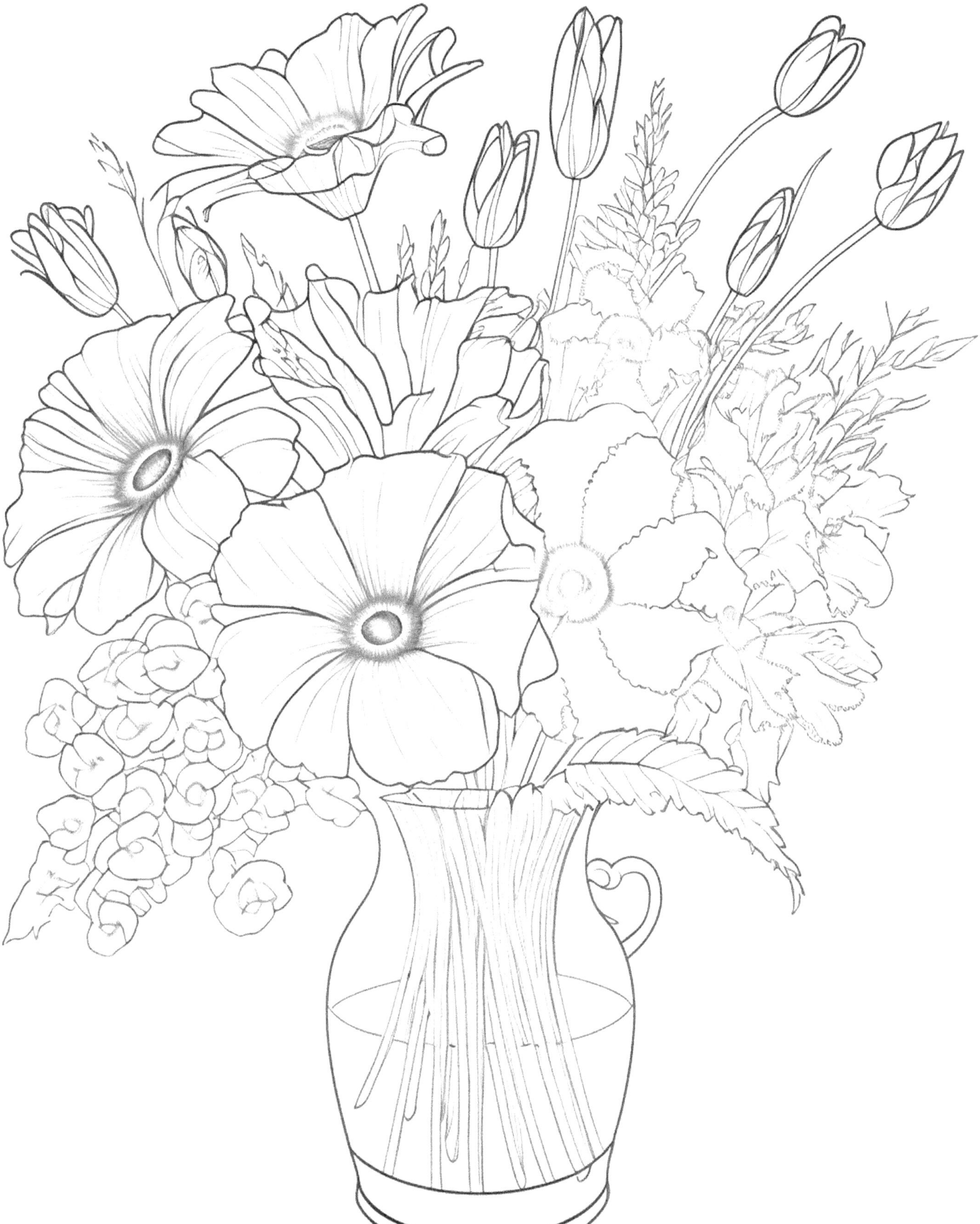

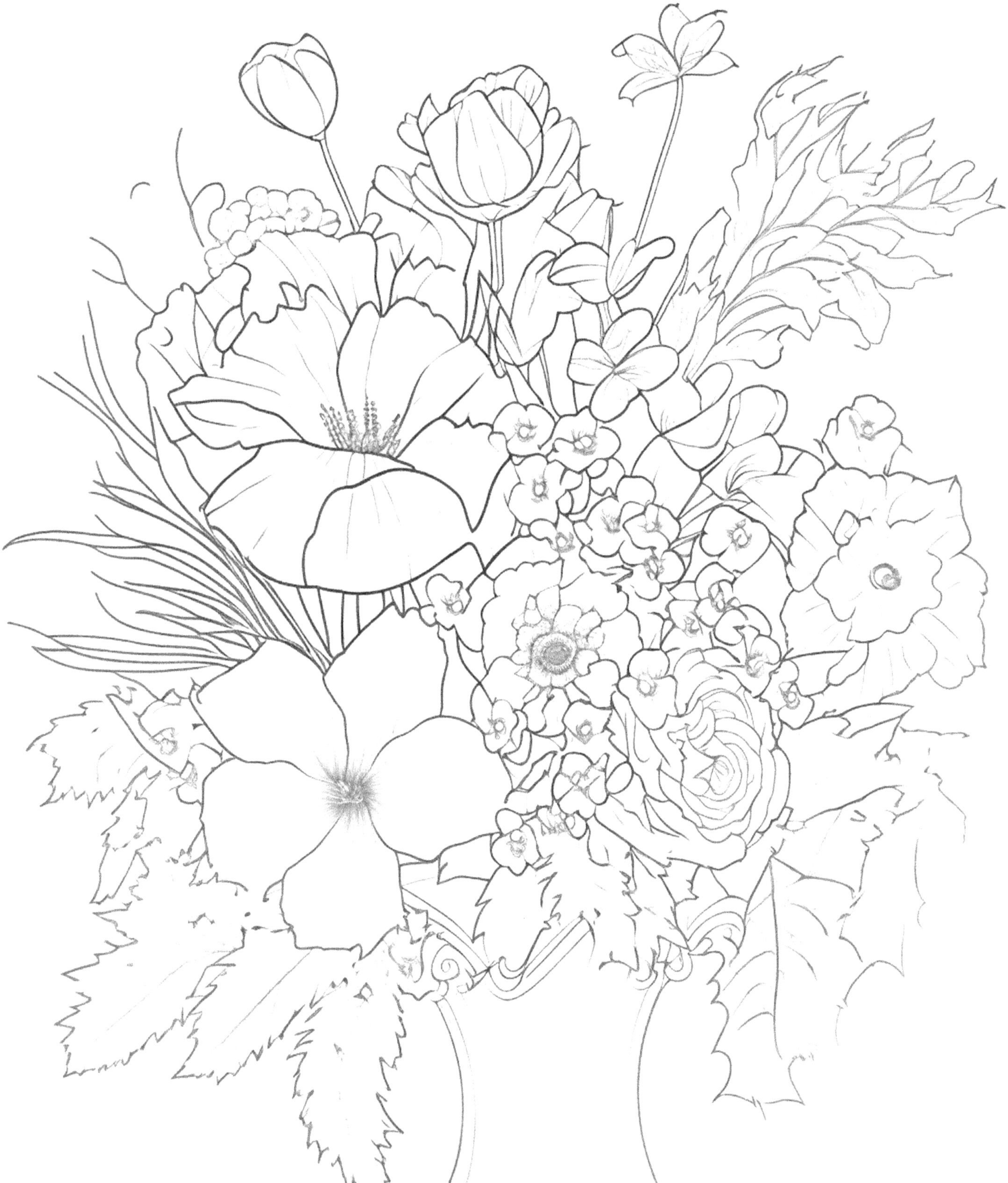

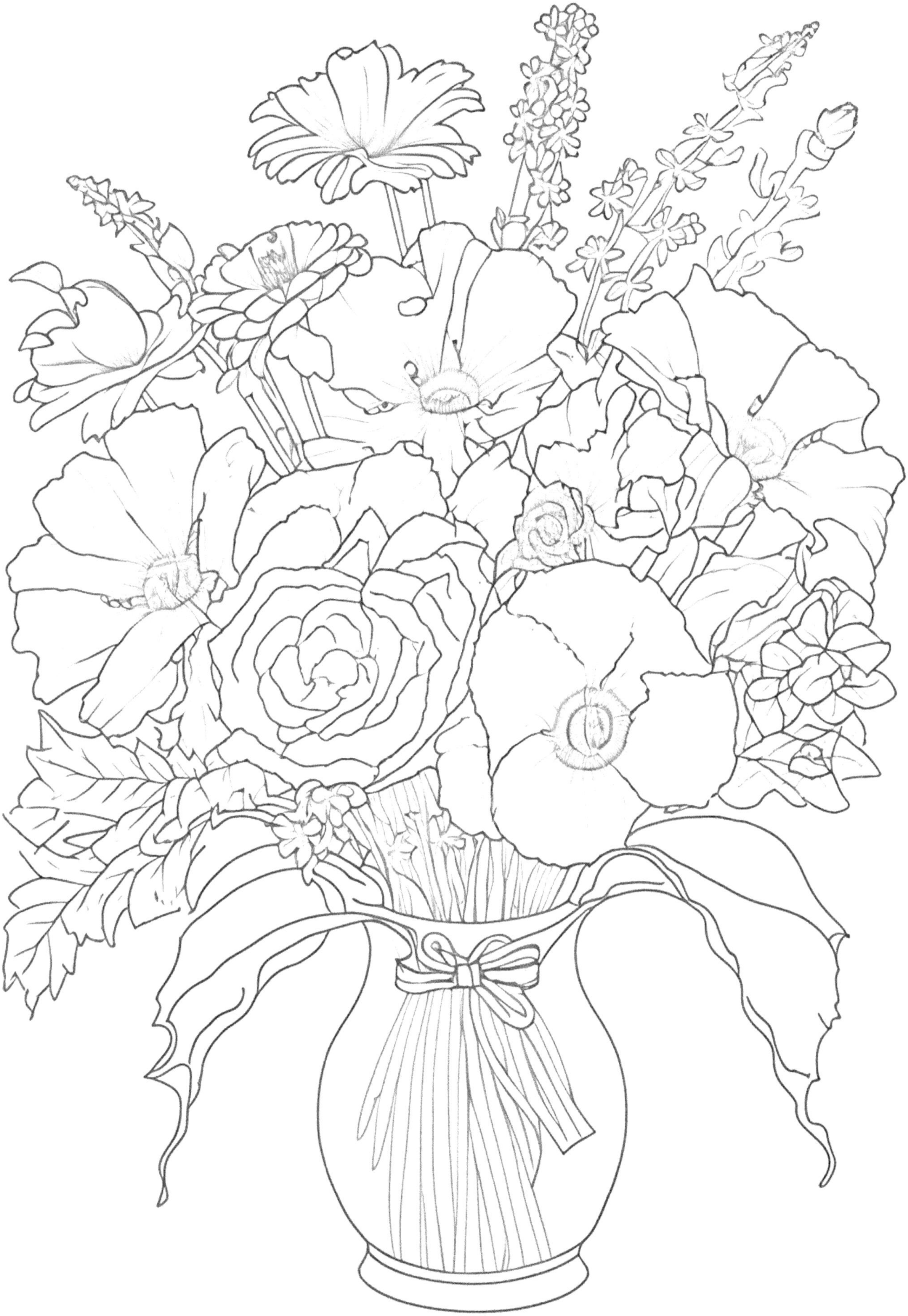

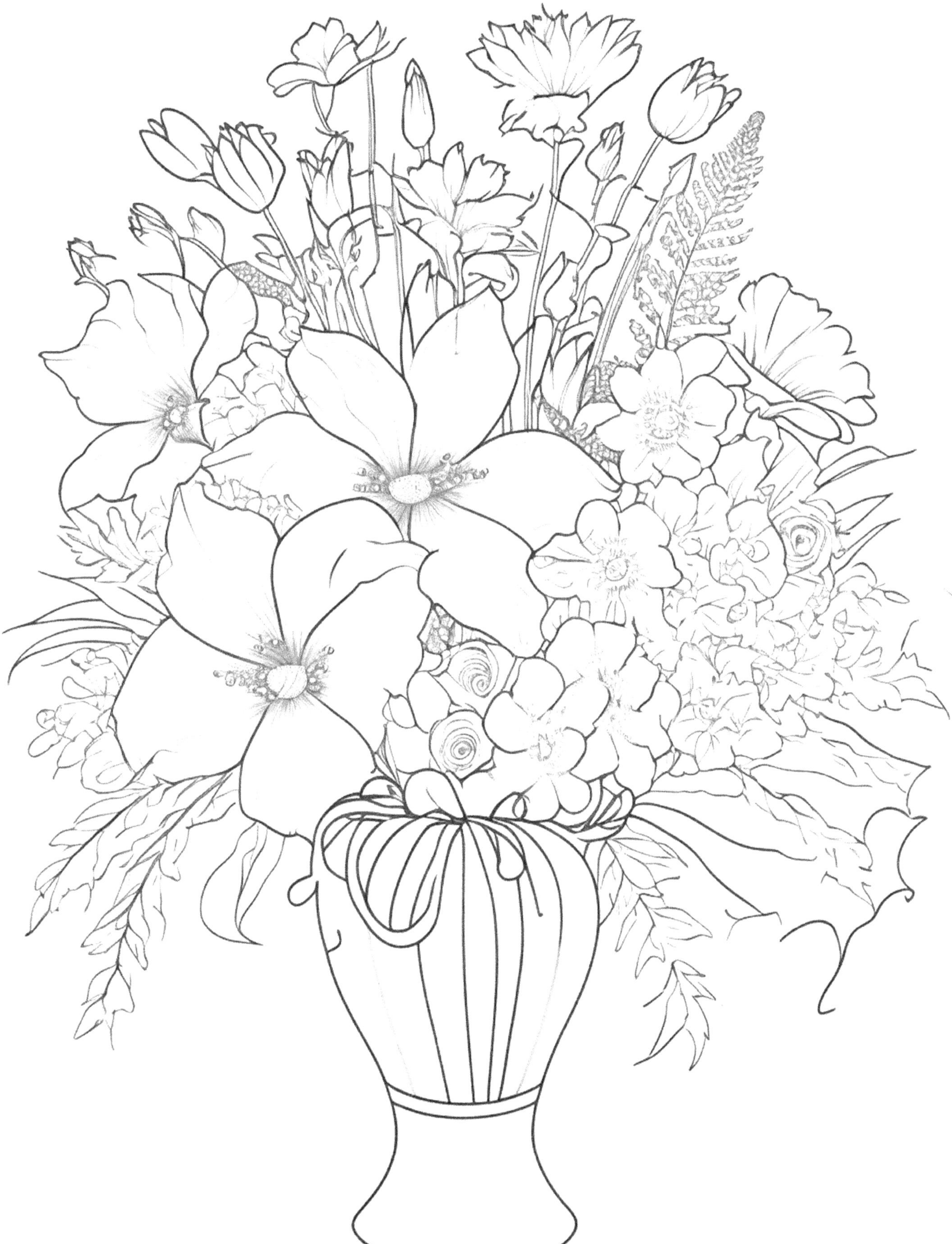

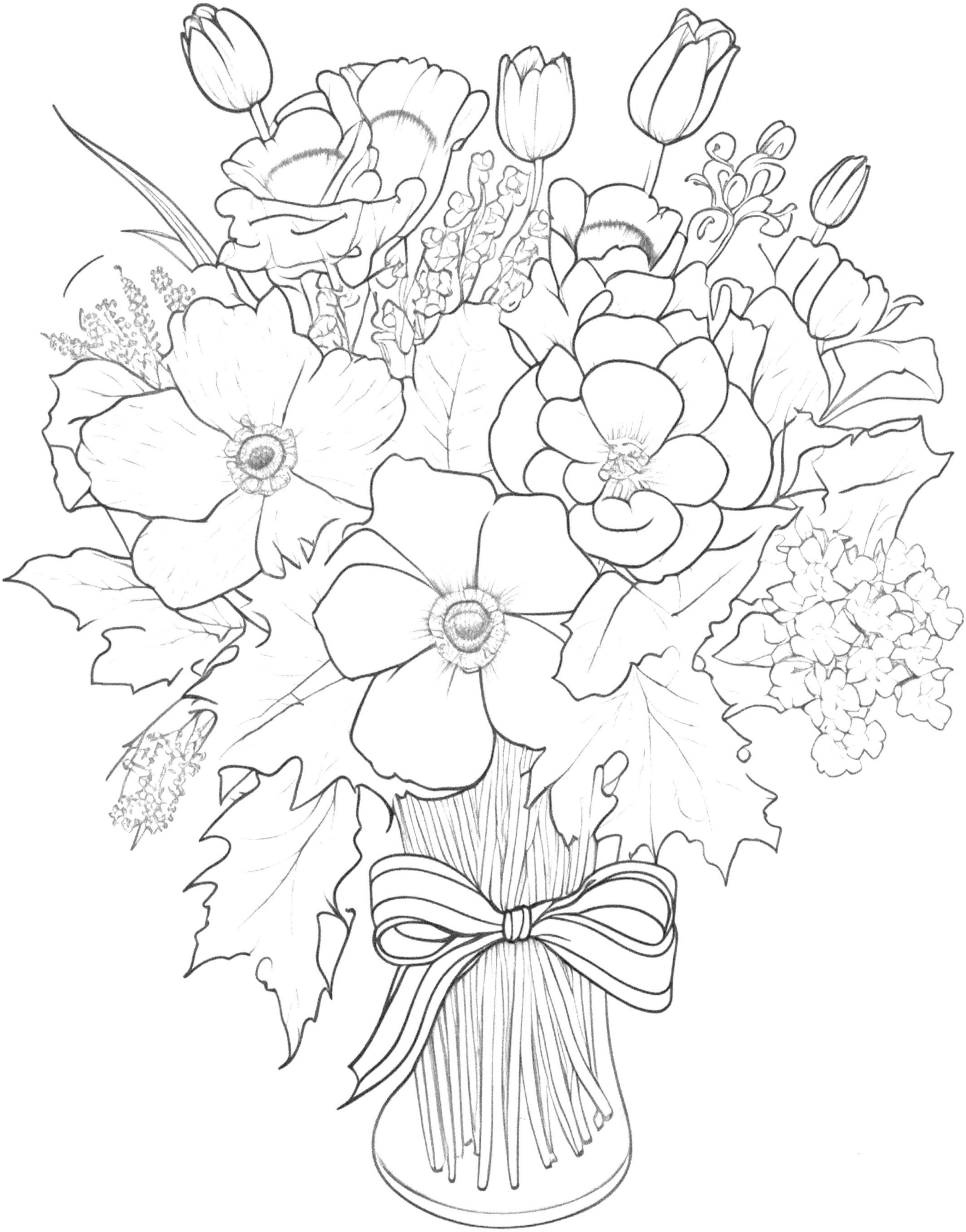

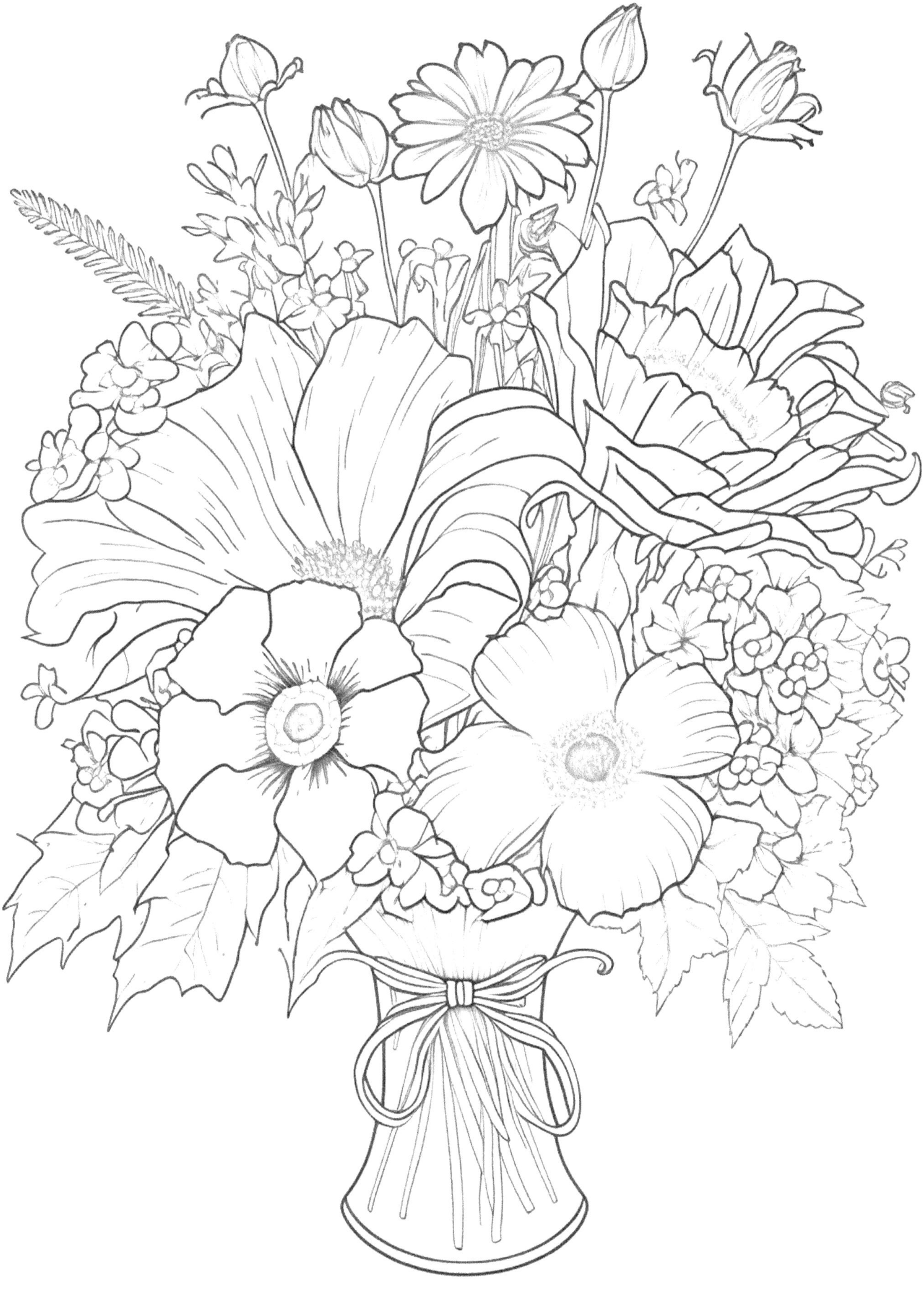

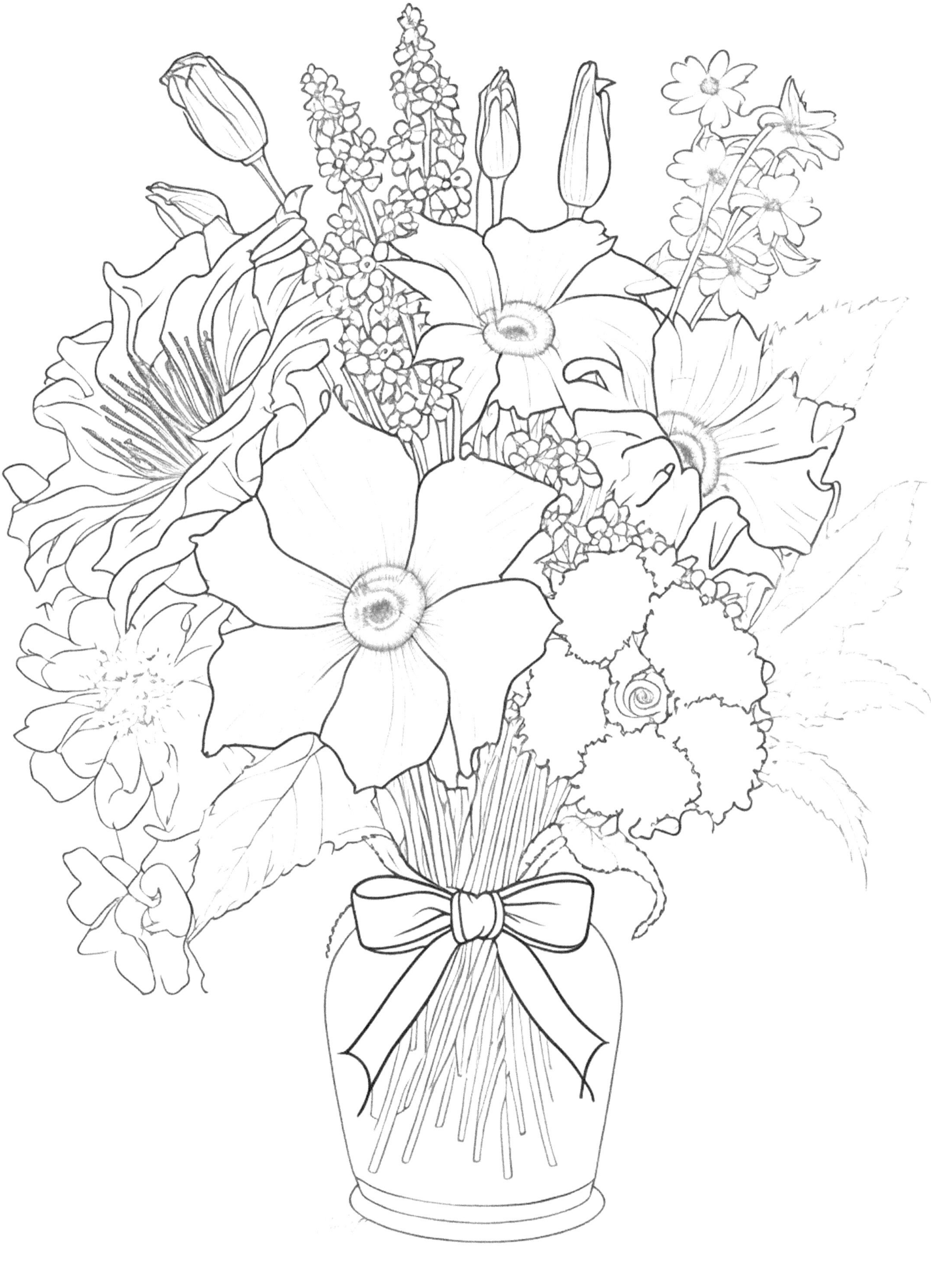

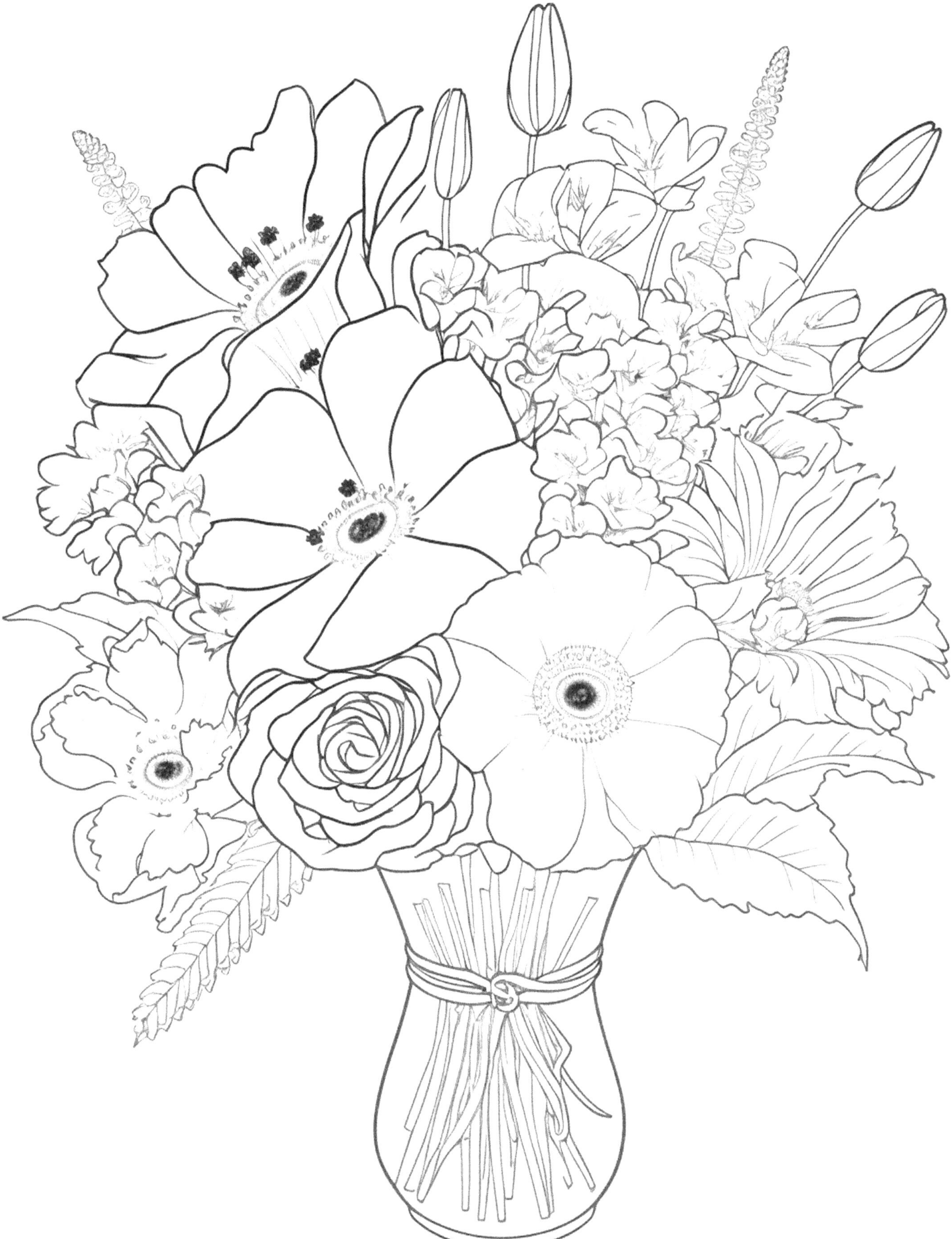

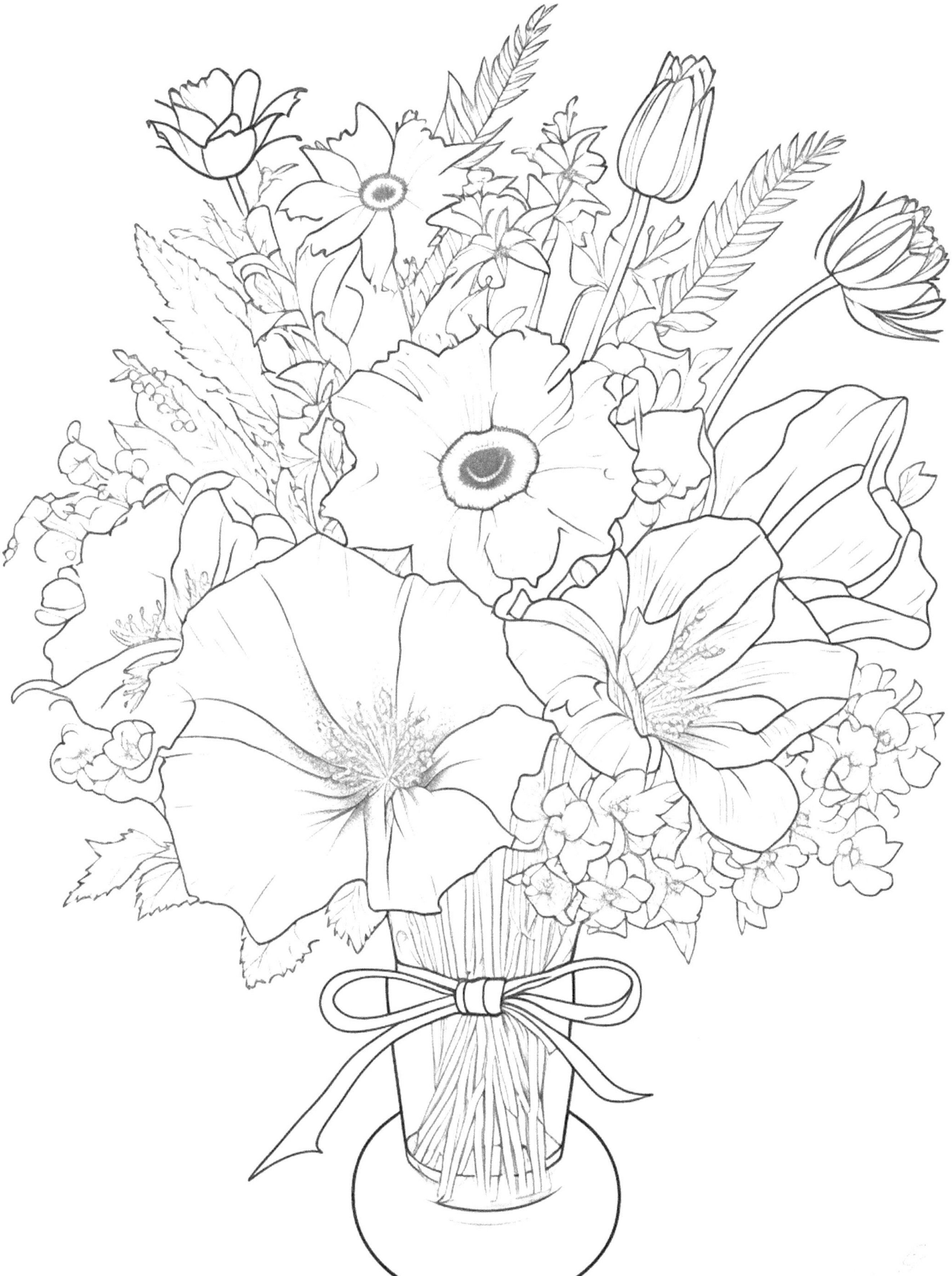

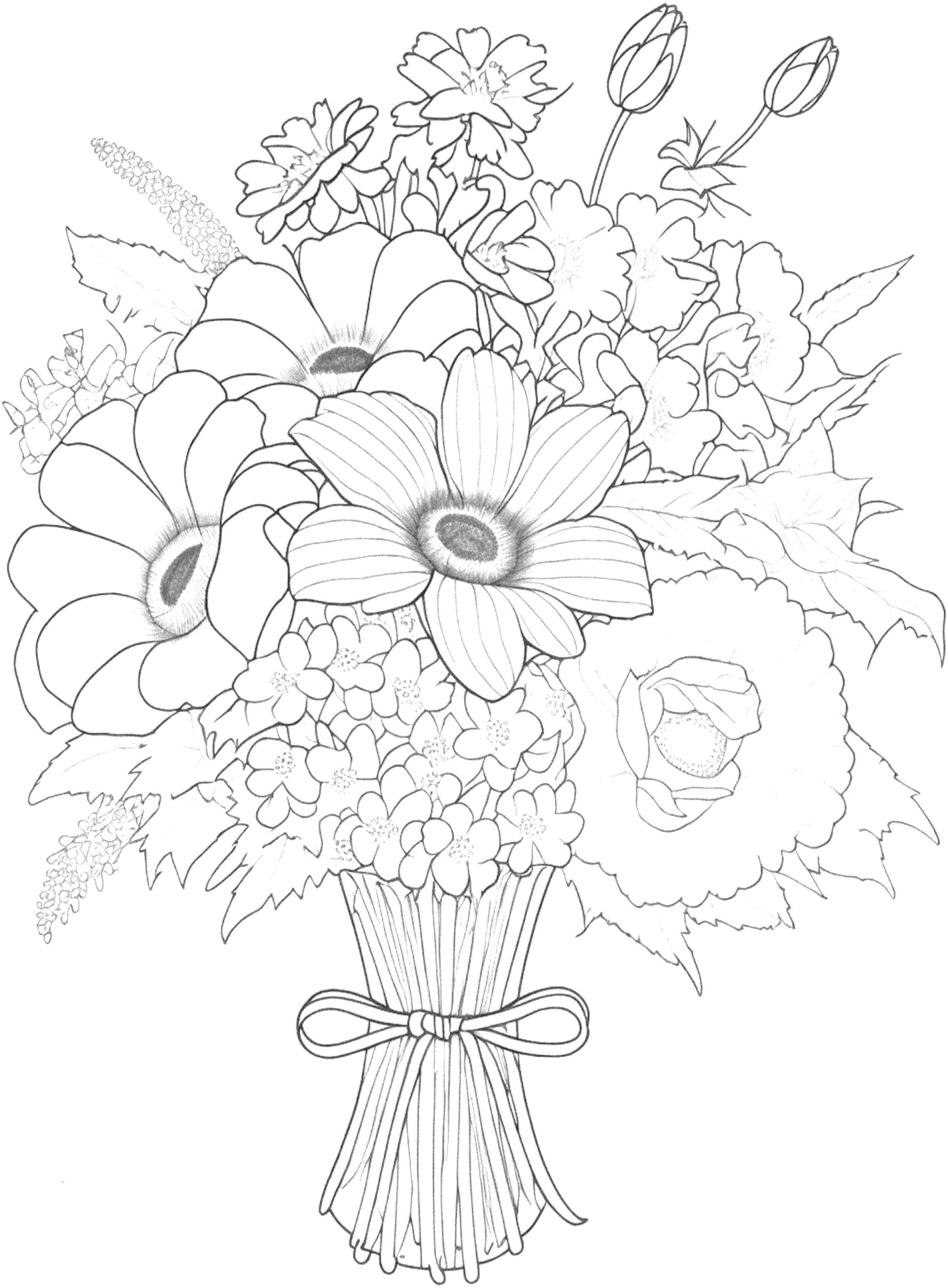

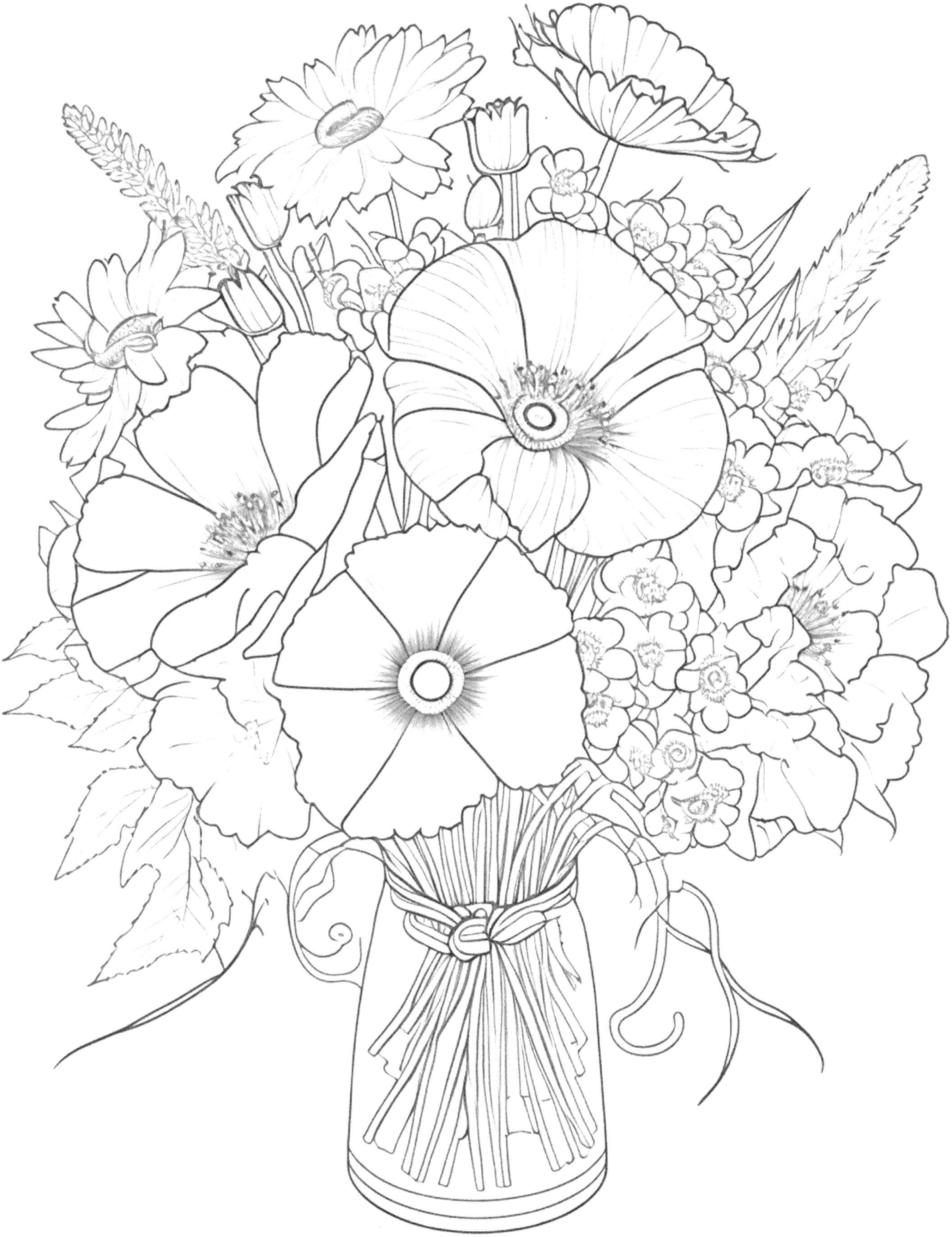

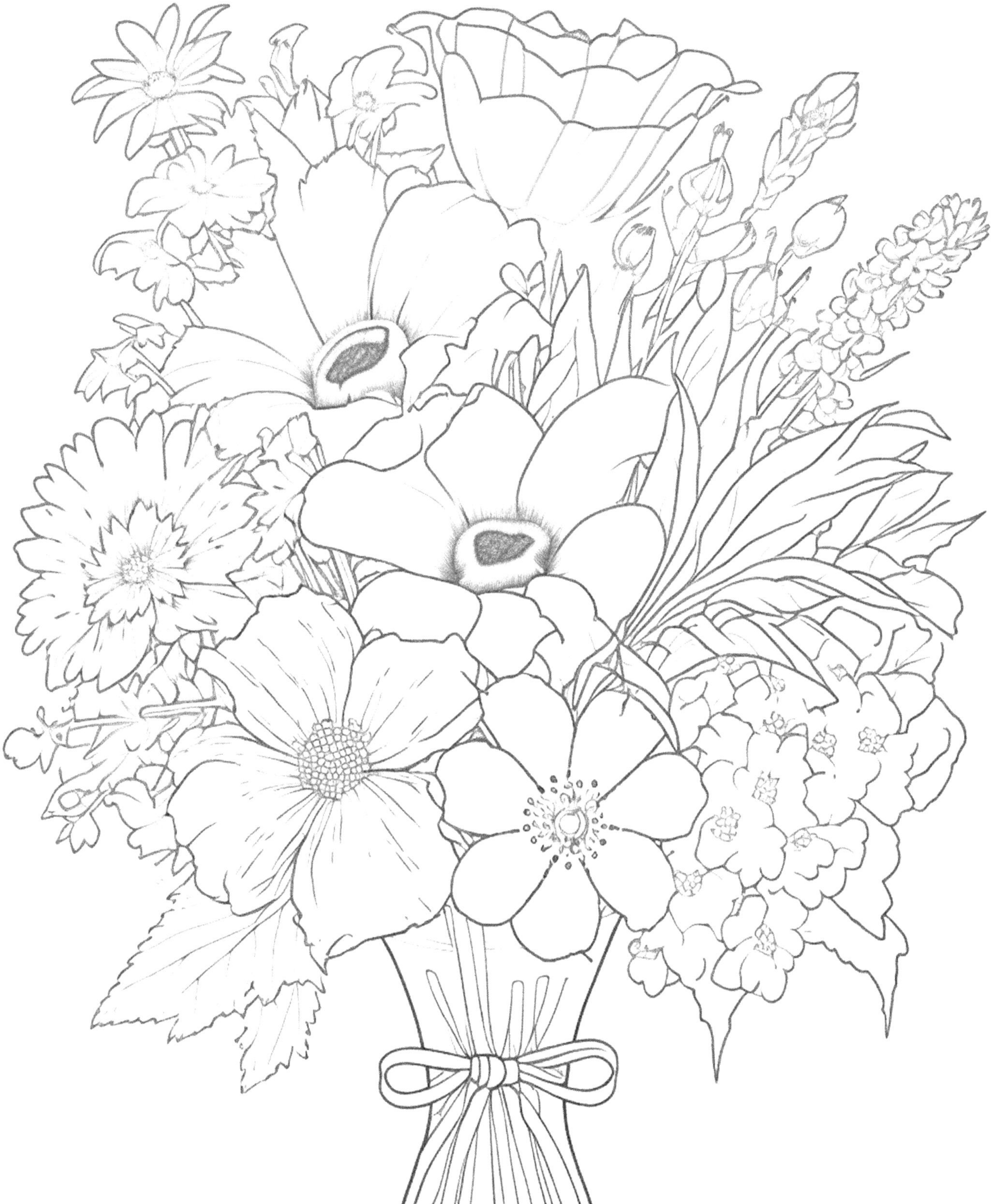

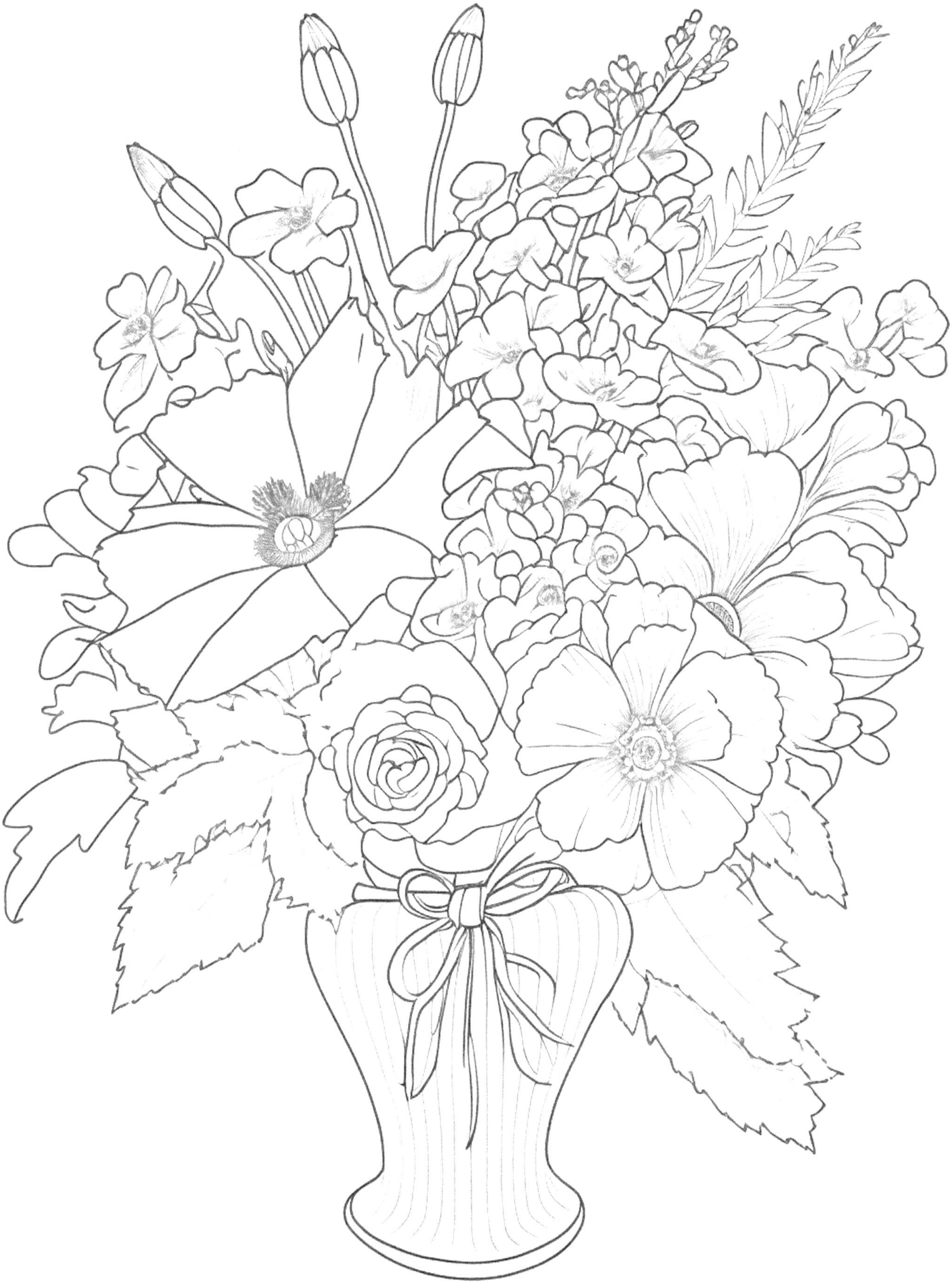

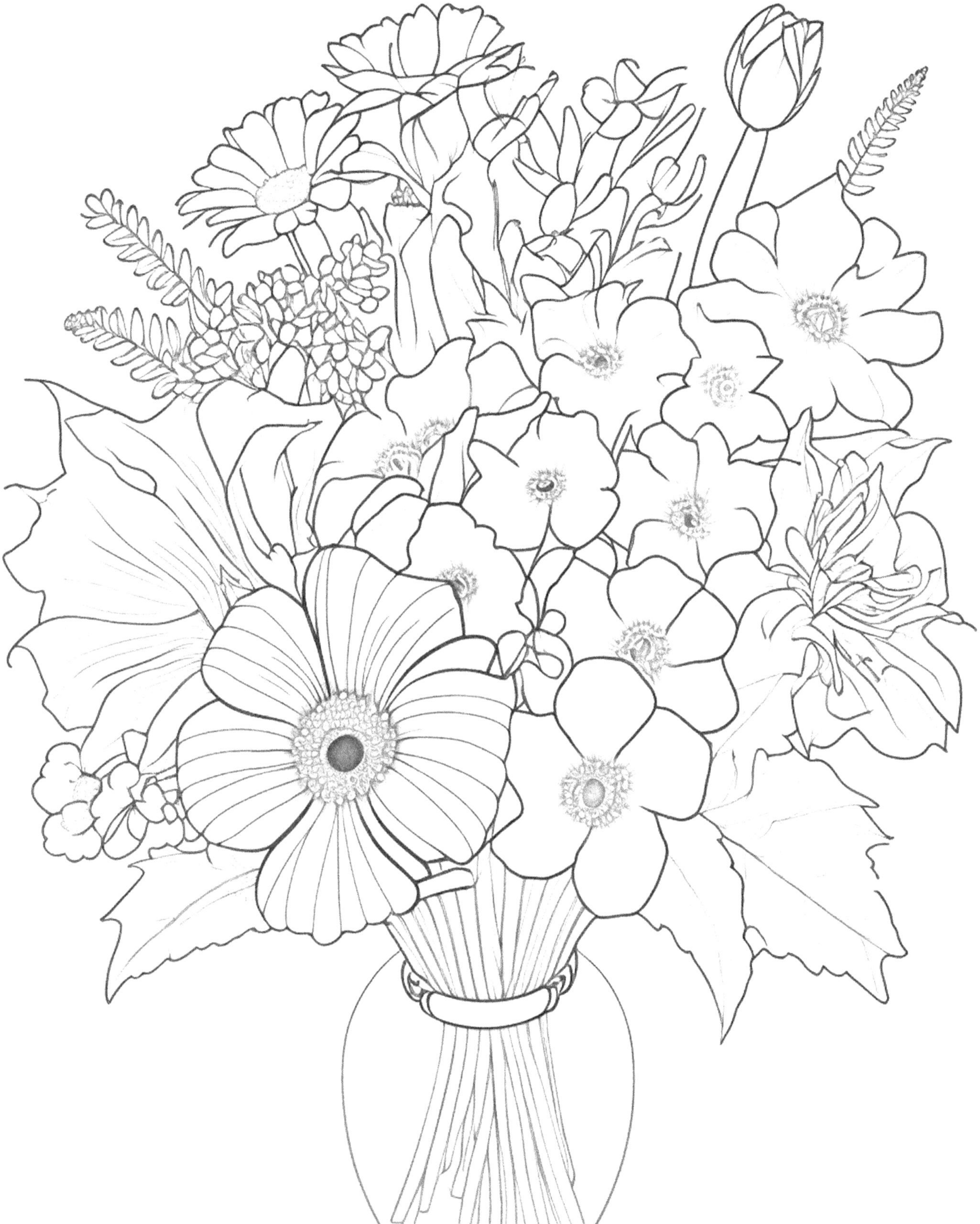

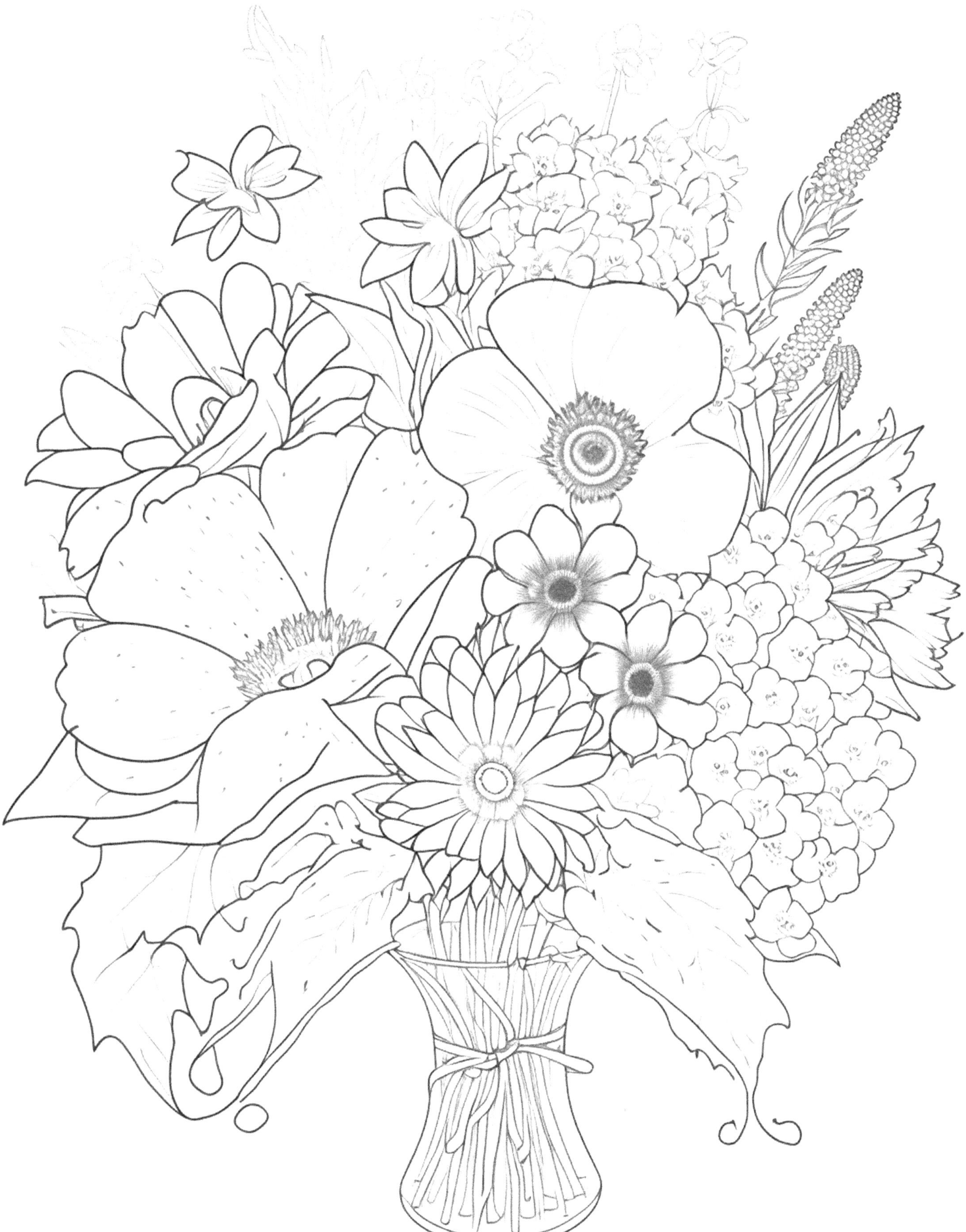

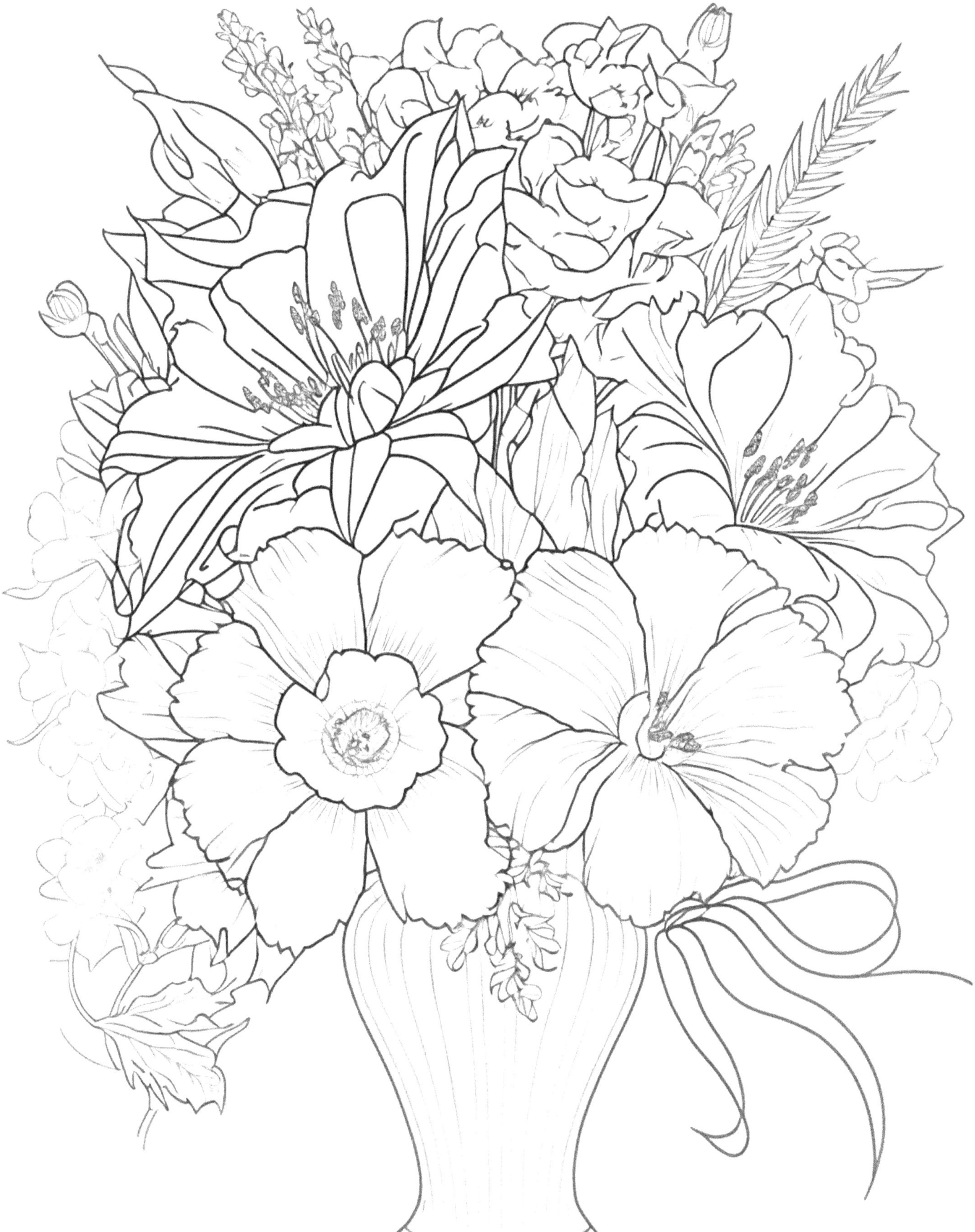

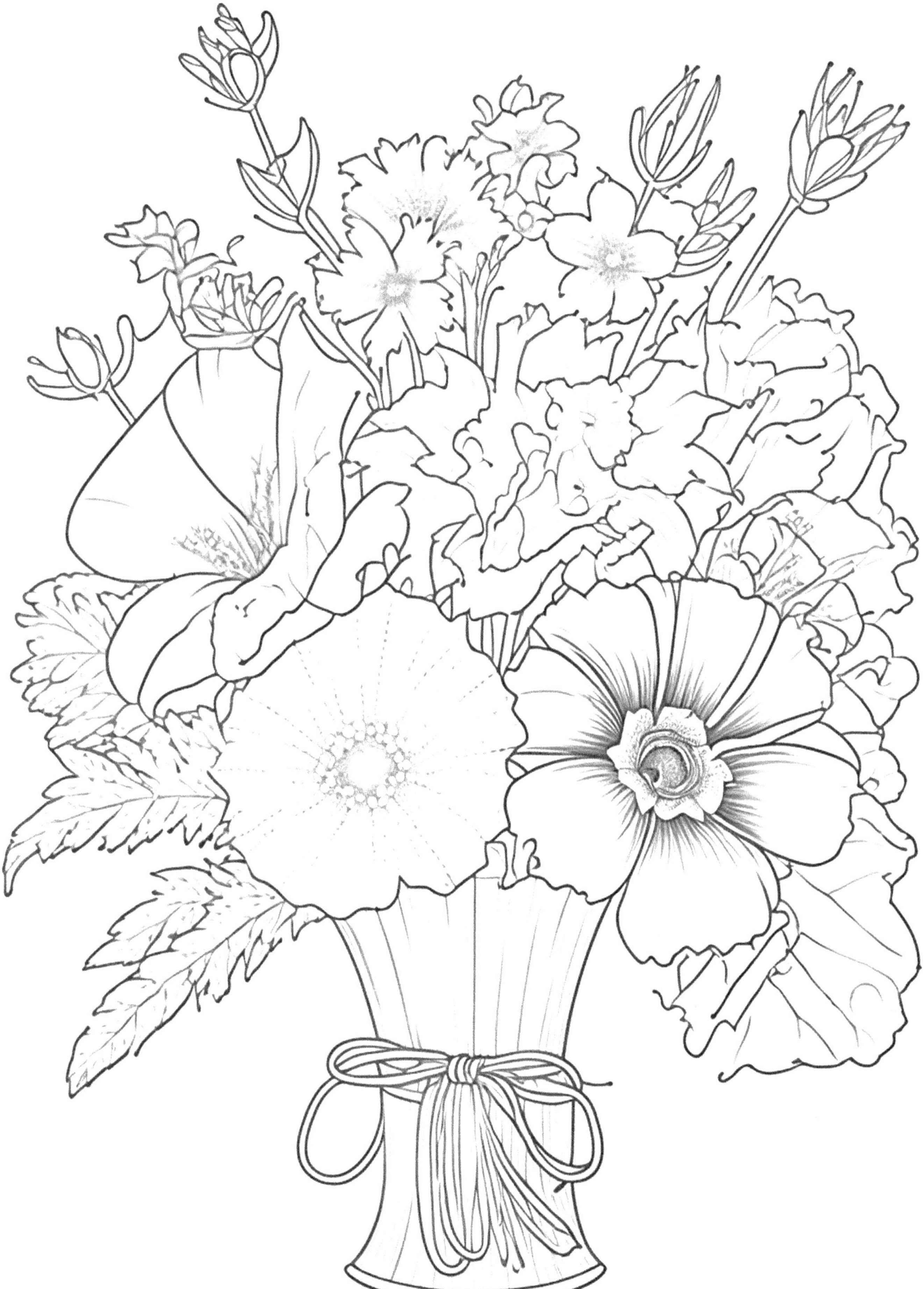

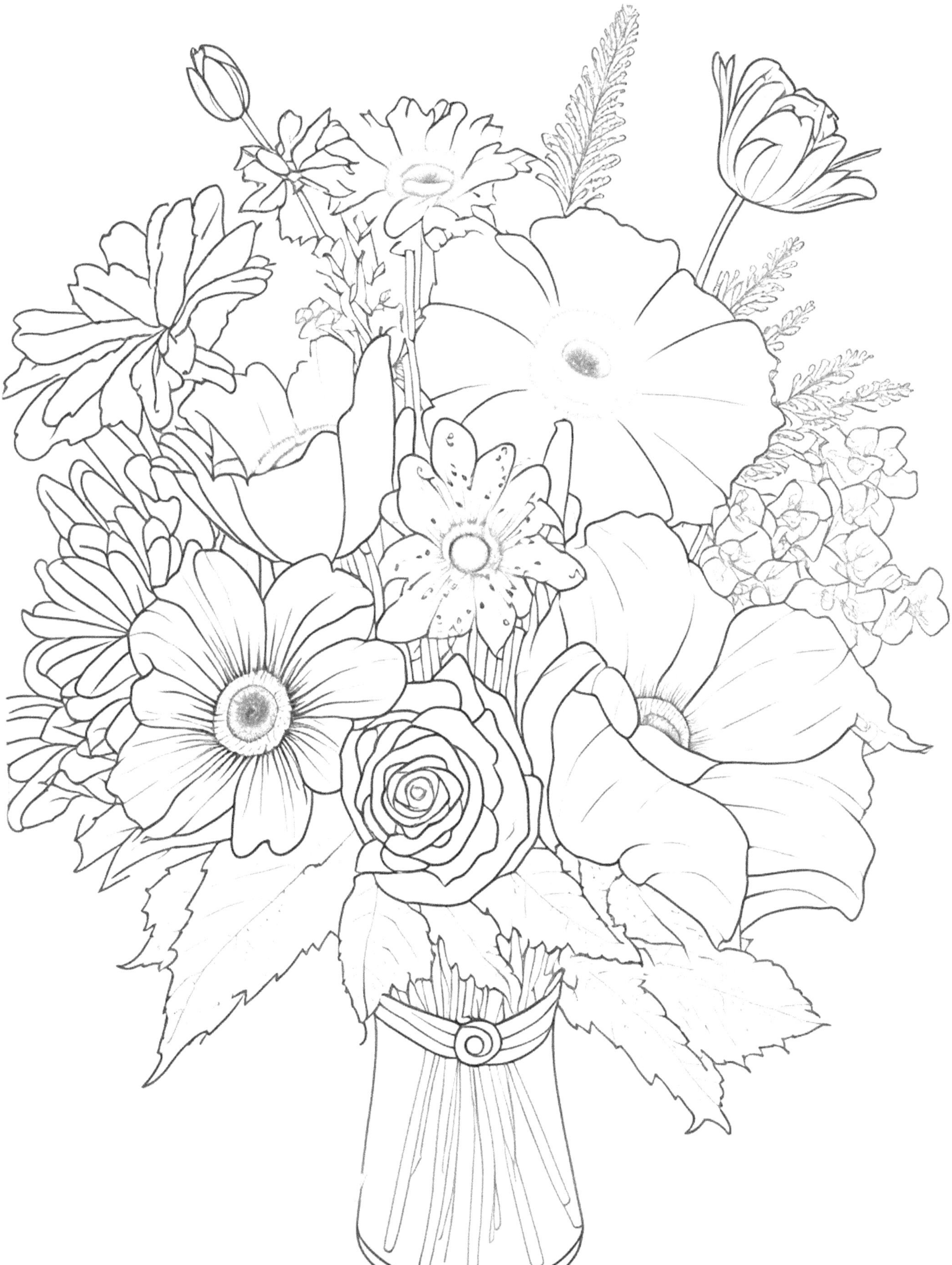

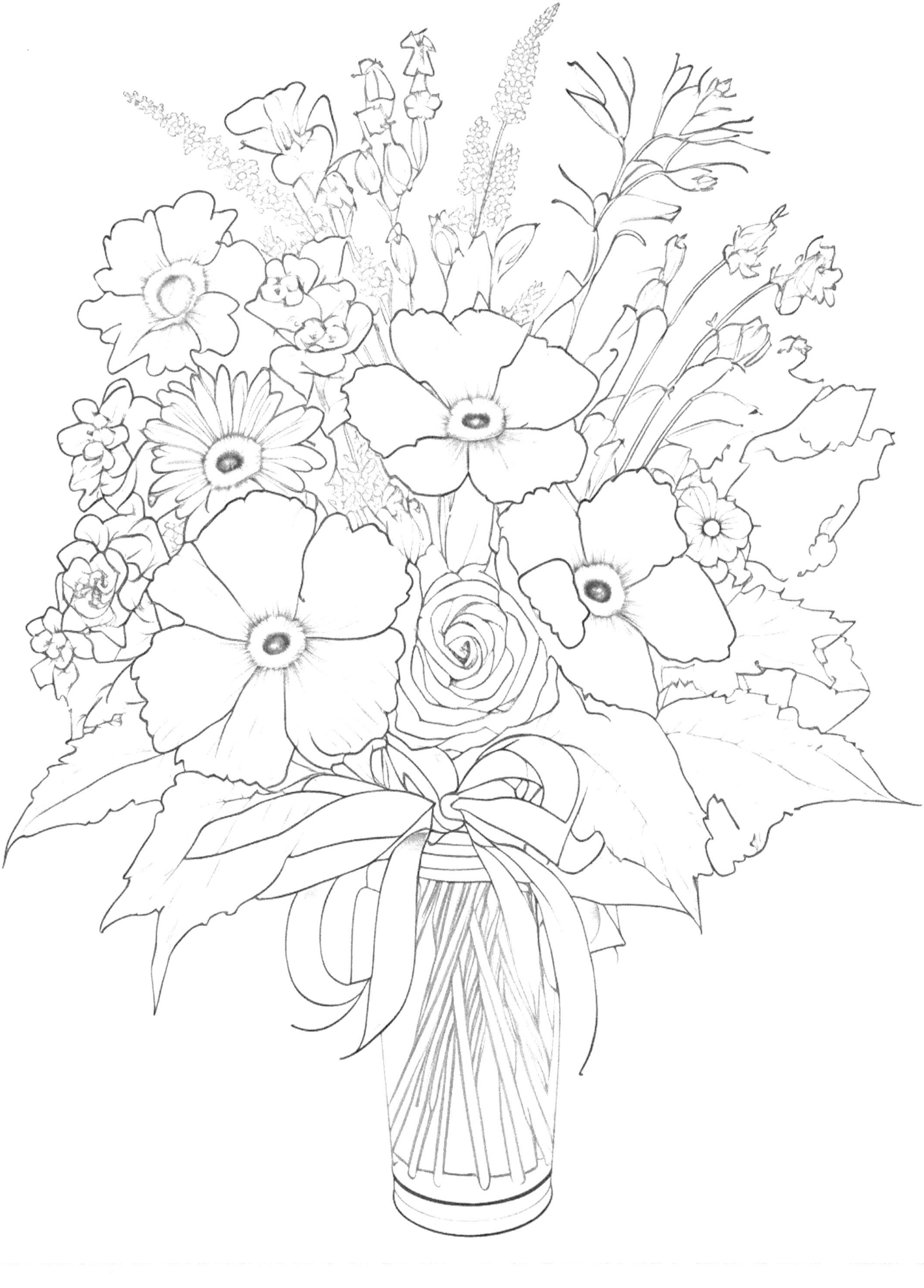

www.ingramcontent.com/pod-product-compliance
Lightning Source LLC
Chambersburg PA
CBHW080831220526
45467CB00008B/2254
* 9 7 9 8 3 8 7 3 4 2 9 2 9 *